한국문화의 이해와 체험

한국문화의 이해와 체험

양진오 지음

한국문화사

한국문화의 이해와 체험을 출간하며

　대학에서 문화 관련 교과목을 전공과 교양에서 강의한 햇수가 꽤 된다. 문화 관련 교과목을 가르치며 늘 마음 한쪽이 불편했다. 교재 때문에 그랬다. 시중에서 팔리는 교재와 학생 사이에 거리감이 커 보였다. 그 거리감은 문화 교과목에 대한 교수자와 학습자의 인식 차이에서 비롯된 게 아닐까 싶다.

　문화를 가르쳐야 한다는 교수자의 인식이 문화를 즐기게 하자는 인식으로 수정되지 않으면 학습자의 배움은 낡은 이론으로 그칠 수 있다. 교과목도 그렇고 교재의 대상은 앞으로 문화 주체와 주인공으로 살아갈 젊은 학생들이다. 젊은 학생들이 문화를 즐기고 나아가 생산하는 문화 주체로 살아가기를 바라는 마음을 담아 이 교재를 만들게 되었다.

　다른 교과목도 그렇겠지만 문화 관련 교과목이 대학 교육과정으로 개설되는 이유가 있다. 문화의 힘 때문에 그렇다. 문화에는 사람을 날마다 새롭게 하는 힘이 있다. 사람의 삶은 어찌 보면 일상의 반복처럼 보인다. 그러나 엄밀히 말해 일상의 반복은 틀린 표현이다. 일상의 반복은 마치 같은 일상이 매일 되풀이된다는 뜻으로 이해된다. 과연 그럴까? 사람의 삶이 일상의 반복으로 보이지만 그 일상은 다른 일상이며 그 반복도 다른 반복이다. 사람의 삶을 일상의 반복이 아니라 일상의 진화로 만드는 요인이 바로 문화다.

　문화 관련 교과목이 대학 교육과정에 개설된 이유가 바로 여기에 있다. 자기 삶을 나날이 새롭게 만들어가기. 이에 필요한 문화의 힘을 학습할 목적으로 문화 관련 교과목이 개설되었다. 문화의 유형과 사례를 한두 가지로 정리할 수 없다. 문화의 유형도 복잡하고 그 사례도 부지기수이다. 그런데 유형과 사례보다 더 중요한 건 문화를 즐기는 우리들의 열린 태도이고 그에 따른 새로운 변화이다. 이 태도와 변화가 결국 사람의 삶을 일상의 반복을 뛰어넘게 한다. 부디 이 교재로 문화를 공부하는 학생들이 문화를 즐기는 문화 주체가 되어 주기를 기대한다.

　문화를 즐긴다는 말은 문화가 요구하는 삶의 방식 전반을 폭넓게 수용한다는 뜻이다. 사람의 탄생에서부터 죽음에 이르는 생애의 전 국면에 문화는 개입한다. 문화가 있음으로써 사람의 생애는 위로받고 감동한다. 또한 문화가 있음으로써 사람의 생애는 빛나는 성취를 얻는다. 사람의 생애는 늘 기쁜 게 아니다. 오죽하면 불교는 사람의 생애를 생로병사로 표현할까. 생로병사로 압축되는 사람의 생애는 문화를 체험하며 비로소 한 단계 갱신한다.

　백범 김구는 이렇게 말했다. '오직 한없이 가지고 싶은 것은 높은 문화의 힘'이라고. 백범은 이 나라가 함부로 남의 나라를 침략하는 패권 국가가 되기를 바라지 않았다. 백범은 이 나라가 함부로 돈 자랑하는 부자 국가가 되기를 바라지 않았다. 백범이 꿈꾼 나라는 문화의 힘으로 공영의 가치를 실천하는 문화의 나라였다. 백범의 바람이 이뤄지는가. 한국문화의 수준이 나날이 높아지고 있다. 학생들이 진화하는 한국문화를 즐기면서도 높은 한국문화의 힘을 더 높이기를 기대한다.

2020년 12월
북성로대학에서 저자

차례

머리말   5

제1장   문화, 즐기며 사랑하며   11
    1. 문화의 힘   11
    2. 문화로 새로워지는 나   17
    3. 존중받아야 하는 문화   23

제2장   문화는 어떤 활동일까?   29
    1. 틀을 따르는 문화 활동   29
    2. 틀을 깨는 문화 활동   35
    3. 대중, 문화의 주인공   40

제3장   진화하는 한국의 정체성   47
    1. 한국, 확장하는 개념   47
    2. 새로운 한국인들   52
    3. 한국을 사랑하는 세계인들   57

제4장   지역문화의 이해(1)   63
    1. 지역의 발견, 지역의 문화   63
    2. 지역을 꽃 피우는 문화   71
    3. 세계로 뻗는 지역문화   76

제5장　지역문화의 이해(2) · 81
1. 새로워지는 지역 · 81
2. 지역문화의 진화 · 87
3. 지역의 근대와 원도심 · 91

제6장　한국인의 신명 · 99
1. 한국 예술혼의 기원 · 99
2. 잘 노는 한국인들 · 105
3. 신명의 한국문화 · 111

제7장　한국미의 가치와 역동성 · 119
1. 독창적인 한국미 · 119
2. 한국미의 파격 · 124
3. 한국미의 역동성 · 128

제8장　한국인의 집 · 133
1. 장소로서의 집 · 133
2. 한옥의 본질 · 135
3. 근대의 한옥 · 139
4. 한옥의 진화 · 144

제9장　한국인의 음식 · 149
1. 우리들의 삼시세끼 · 149
2. 화끈한 융합 · 154
3. 인내하는 기다림 · 159

제10장 한국인의 신앙 ... 165

1. 한국인의 무속신앙 ... 165
2. 한국의 신들 ... 169
3. 마을의 수호신 ... 173
4. 한국문화의 뿌리 ... 178

제11장 한국인의 죽음 ... 181

1. 이승과 저승의 경계 ... 181
2. 새롭게 시작하는 일상 ... 187
3. 난장으로서의 죽음 ... 191
4. 메멘토 모리의 성찰 ... 195

제12장 문화를 체험하는 방법 ... 199

1. 문화를 즐기는 기쁨 ... 199
2. 문화를 즐기는 방법 ... 203
3. 문화 체험의 시작 ... 207
4. 한국문화의 미래 ... 212

찾아보기 ... 216

제1장 **문화, 즐기며 사랑하며**

1. 문화의 힘

　문화, 이 말을 들어보지 못한 사람은 없습니다. 고급문화, 대중문화, 현대문화, 서양문화, 동양문화. 우리는 문화라는 말을 자주 듣습니다. 그런데 자주 듣는 말이라고 해서 그 뜻을 훤히 아는 건 아닙니다. 문화가 그렇습니다. 여러분은 문화의 뜻을 설명할 수 있습니까?

　문화는 물과 공기 같습니다. 물과 공기 없이 살 수 있는 사람은 없습니다. 문화도 그렇습니다. 사람은 문화 없이 '존재'할 수 없습니다. 여러분이 물과 공기가 없는 곳에 있다고 상상해 보세요. 상상만 해도 끔찍하지요.

　「마션」(The Martian)[1]이란 영화가 있습니다. 맷 데이먼(Matt Damon)이

---

[1] 2015년에 개봉된 영화. 감독은 리들리 스콧(Ridley Scott)이다.

이 영화의 주인공이지요. 이름은 마크 와트니. 화성을 탐사하던 나사의 아레스 탐사대원들이 어마어마한 모래폭풍을 만납니다. 기지에 머물던 탐사대원들은 모래폭풍 속으로 빨려 들어간 마크 와트니가 사망했다고 판단합니다. 이들은 곧 화성을 떠납니다. 화성에 홀로 남겨진 마크 와트니는 생고생합니다. 화성에 물과 공기가 있었다면 마크 와트니가 죽을 고생을 하지 않았겠죠.

물과 공기 없이 살 수 있는 사람은 지구상에 단 한 명도 없습니다. 사람에겐 물과 공기가 필요하죠. 반드시 말입니다. 그런데 물과 공기의 성분을 설명해 달라는 요구를 받아 보세요. 난감하겠죠.

문화도 이런 게 아닐까요? 생필품 같은 문화이기는 하지만 막상 설명해 달라는 요구를 받는다면 모두 난감해합니다. 네이버 어학사전은 문화를 이렇게 풀이하고 있습니다.

> 자연 상태에서 벗어나 일정한 목적 또는 생활 이상을 실현하고자 사회 구성원에 의하여 습득, 공유, 전달되는 행동 양식이나 생활 양식의 과정 및 그 과정에서 이룩하여 낸 물질적·정신적 소득을 통틀어 이르는 말. 의식주를 비롯하여 언어, 풍습, 종교, 학문, 예술, 제도 따위를 모두 포함한다.

이 풀이에서 눈에 띄는 내용이 뭡니까? 문화는 행동 양식과 생활 양식이라는 대목 아닐까요. 풀이를 천천히 살펴볼까요. 문화는 자연 상태에서 벗어나 일정한 목적을 이룩하기 위하여 사회 구성원이 습득, 공유, 전달하는 행동 양식이나 생활 양식이라고 풀이되어 있습니다.

자연 상태에서 벗어나 일정한 목적과 생활 이상을 실현한다는 게 어떤 뜻일까요? 장례식을 예로 들까요. 사람들은 왜 장례'식'을 치를까요? 망자를 땅에 묻어주면 될 일이지 왜 돈을 들여가며 장례'식'을 치를까요? 여기에 문화의 숨은 뜻이 있습니다.

로드킬을 예로 들기로 해요. 심심치 않게 로드킬 사건을 마주할 때가 있습니다. 로드킬 사건의 희생양들은 대개 짐승들이죠. 저도 고속도로를 주행하다가 짐승의 사체를 목격할 때가 있습니다. 로드킬 목격, 마음이 참 좋지 않았습니다. 그렇지만 주행을 멈출 수 없습니다. 누군가 이 불쌍한 사체를 치워 줄 거라 믿으며 그 자리를 뜹니다. 아마도 사체를 치우는 일은 한국도로공사에서 하겠지요. 어딘가에 묻어주거나 소각하겠죠. 반려견이 죽으면 장례식을 치르는 견주가 있지만, 로드킬 짐승들은 그렇지는 않다 싶습니다.

사람들은 어떨까요? 사람들은 장례식을 치릅니다. 그렇게 하는 게 사람의 도리여서 그렇습니다. 나라마다 민족마다 장례식 절차와 방식은 다릅니다. 그렇지만 장례식 자체를 아예 하지 않는 나라와 민족은 없습니다. 왜 사람들은 장례식을 치를까요?

장례식은 문화입니다. 사람은 문화적 존재이지요. 자식들은 돌아가신 부모를 아무렇게나 땅에 묻지 않습니다. 자식들은 장례식을 치름으로써 부모의 삶을 기립니다. 부모의 삶을 기린다는 건 부모의 삶을 존중한다는 뜻입니다. 장례식은 이처럼 망자를 기리는 문화입니다.

추천하고 싶은 한국영화가 있습니다. 임권택 감독의 「축제」입니다.[2] 1996년에 개봉한 영화입니다. 안성기, 오정해 배우가 출연했습니다. 「축제」에서 안성기 배우는 작가 준섭으로 출연합니다. 작가 준섭은 고향 이

---

2 이청준 소설 『축제』가 원작이다. 『축제』는 1996년 열림원에서 출간되었다.

야기를 주로 써서 작품 활동을 하고 있습니다. 서울살이하던 준섭은 어머니 부음 소식을 듣고 귀향합니다. 작가 준섭은 둘째 아들이지만 상주 역할을 합니다. 그럴 만한 이유가 있습니다.

장례가 치러질수록 분위기가 심상치 않습니다. 준섭의 이복조카 용순이가 상가에 나타나면서 그렇습니다. 용순이는 죽은 큰형이 외도하여 낳은 딸입니다. 용순이는 천덕꾸러기 취급을 받습니다. 이런 용순이를 할머니가 애지중지 뒷바라지하지요. 유족들은 용순이가 천덕꾸러기로 보였는지 다들 인상이 좋지 않습니다.

[그림 1] 영화 「축제」의 마지막 장면

그런데 사진을 보세요. 영화 결말 장면입니다. 장례식을 치른 일가가 활짝 웃으며 사진을 찍고 있습니다. 상가 밖에 홀로 있던 용순이를 준섭이가 부릅니다. 유족들이 환하게 웃고 있습니다. 어머니의 죽음은 가족들에게 슬픔을 남기지요. 치매로 고생하던 어머니이니 그 슬픔이 오죽하겠습니까. 여기서 대충 넘기지 말아야 할 게 있습니다. 어머니의 장례식이 가족들의 오랜 갈등을 녹인다는 겁니다. 어머니의 장례식이 가족들의 묵은 갈등을 치유하는 문화였습니다.

또 다른 예를 들어 볼까요. 입학식을 예로 들지요. 입학식에 참여한 경험이 있지요? 대학 입학식은 어떤가요? 입학식을 번거롭게 왜 할까요? 입학식에 참석하지 않아도 아무런 문제 없이 학교에 다닐 수 있습니다. 그렇지만 입학식이 필요한 이유가 있습니다. 입학식이 문화여서 그렇습니다.

여러분은 입학식에서 우리 학교 학생이 되어 주어서 고맙다는 축하 인사를 받습니다. 부모와 친지로부터 입학 축하 인사를 받으면 기분이 어떤가요? 기분이 좋지요. 축하 인사받고 시작하는 학교생활과 그렇지 않은 학교생활은 차이가 큽니다. 축하를 받을 때는 받아야 합니다. 그런데 입학식에서 축하만 받습니까? 덕담도 듣습니다. 학사일정을 안내받습니다.

> 대구사이버대학교(총장 홍덕률)는 27일 대구대 경산 캠퍼스 성산홀에서 300여 신입생과 가족들이 참석한 가운데 2016학년도 전기 입학식 및 오리엔테이션을 개최했다.
> 또 사이버대학원(휴먼케어 대학원 미술상담학과) 입학식도 함께 열렸다.
> 이날 입학식은 DCU힐링 토크 콘서트 영상 관람, 학사 보고, 입학 허가, 신입생 서약, 총장 환영사, 내빈 축사, 총학생회 인사, 교가 제창 등의 순서로 진행됐다.
> 홍덕률 총장은 환영사를 통해 "학생 행복은 우리 대학이 최고의 가치로 추구하는 교육철학"이라며 "행복한 학교 생활을 통해 따뜻한 지식인으로 성장할 수 있도록 대구사이버대학교만의 노력과 투자를 아끼지 않을 것"이라고 말했다.
> 대학평의회 최계호 의장은 축사에서 "입학에서 졸업까지 몇 번의 고비와 망설임이 있을지도 모른다"라며 "몇 년 뒤 졸업식장에 들

어설 자신의 모습을 상상하며 반드시 인생의 승리자가 되길 바란다"고 말했다.

또한 이선옥 15대 총학생회장(한국어다문화학과)은 "힘들고 어려워도 절대 포기하지 말라"며 "주변에 친구 같은 선배들, 가족 같은 교수님들 그리고 학생의 행복만을 바라는 총장님께서 여러분을 위한 멋진 멘토가 되어 줄 것"이라고 말했다.

상담심리학과에 입학한 김상곤 씨(포항시. 41)는 "넓고 아름다운 대학 캠퍼스에 와보니 기분이 남달라진다"며 "정말 대학생이 된 기분과 함께 많은 의욕이 생긴다. 지금의 초심을 가슴에 깊이 새겨 졸업하는 순간까지 최선을 다하겠다"고 소감을 밝혔다.

이날 입학식에 직접 참석하지 못한 학생들을 위해 인터넷과 모바일 생중계 서비스가 제공됐다.[3]

2016년도 기사입니다. 대구사이버대학교 입학식 기사입니다. 사이버대학교는 일반 4년제 대학과 다릅니다. 신입생 중에는 만학도가 많습니다. 그런 까닭에 입학 동기가 각별합니다. 이런 분들에게 입학식이 없다고 생각해 보십시오. 서운하겠지요. "초심을 가슴에 깊이 새겨 졸업하는 순간까지 최선을 다하겠다"는 입학생의 소감은 빈말 같지 않습니다.

이렇게 상상해 보기로 해요. 입학식이 없다고 말입니다. 그러면 입학생의 기분이 싱숭생숭할 수 있습니다. 이렇게 당신의 공부가 뜻깊다고 말하는 문화가 바로 입학식입니다. 당신의 공부가 뜻깊은 공부이니 나날이 새로워지기를 당부받는 게 입학식의 요지입니다. 이렇게 문화는

---

[3] 2016년 2월 28일 『아시아뉴스통신』(https://www.anewsa.com) 박종률 기자 기사. 기사 제목은 「제2의 꿈을 향한 아름다운 도전, 대구사이버대학교 입학식 개최」

사람을 살립니다. 사람의 삶을 새롭게 만드는 힘이 문화에 있습니다.

그런데 장례식이든 입학식이든 허식을 멀리해야 합니다. 알맹이가 없는 허식을 멀리해야 합니다. 허식 문화는 사람을 살리는 문화가 아닙니다. 허식 문화는 사람을 죽이는 문화입니다. 허식 문화에 목숨을 거는 이들이 있습니다. 허식 문화를 자기 과시로 여기는 이들이 있습니다. 허식 문화를 멀리하고 자신을 살리는 문화를 가까이하면 좋겠습니다. 그래야 내 삶이 새로워집니다.

이렇게 문화는 우리의 삶과 가깝습니다. 먼 게 아닙니다. 문화는 그냥 사람의 삶입니다. 문화로 삶이 만들어지고 삶으로 문화가 만들어집니다. 문화가 곧 삶이고 삶이 곧 문화입니다. 둘이 따로 있지 않습니다. 삶과 문화가 하나입니다. 문화는 사람의 삶입니다.

2. 문화로 새로워지는 나

문화가 중요한 이유가 있습니다. 문화가 사람을 살리기에 그렇습니다. 좋은 문화는 사람을 더 기분 좋게 살립니다. 숨을 쉬고 밥을 먹는다고 다 사는 게 아닙니다. 짐승도 숨을 쉽니다. 짐승도 밥을 먹습니다. 사람은 일신우일신(日新又一新)[4]을 꿈꿉니다. 사람이 짐승과 다른 특별한 이유입니다. 어떻게 하면 날마다 새로워질 수 있을까요? 좋은 문화를 즐기면 됩니다. 좋은 문화 안에서 새로운 '나'를 만날 수 있습니다.

---

[4] 고대 중국 은나라 시조 탕왕이 대야에 날마다 새로워지고 또 날마다 새로워진다는 '苟日新 日新又一新(구일신 일신우일신)'을 새기고 세수할 때마다 다짐했다고 전해진다.

도대체 새로운 '나'는 누구일까요? 새로운 '나'는 좋은 문화가 만드는 '나'입니다. 초고속 연결 시대가 성큼 다가왔다고 말합니다. 코로나19 바이러스 때문에 비대면 시대가 개막되었다고 합니다. 사람들은 눈을 뜨면 스마트폰을 찾습니다. 카톡으로 누군가를 찾습니다. 유튜브를 시청합니다. 나와 세상이 연결된 것 같습니다.

그런데 그렇지 않습니다. 착각입니다. 실제 연결된 게 아닙니다. 스마트폰이 아니라 문화로 세상과 연결되어야 합니다.

설날은 우리나라 대표 명절이지요. 음력 정월 초하룻날이 설날입니다. 옛날에는 설날을 원일(元日), 원단(元旦), 세수(歲首), 연시(年始)라고 불렀습니다. 설날을 맞이하는 여러분들의 마음은 어떻습니까? 자연스레 올해 소원을 빌지 않나요?

저도 그렇습니다. 설날은 여느 날과는 다르지요. 어른들에게 세배를 드리고 아이들에게는 세배를 받습니다. 올해 소원을 빕니다. 이게 궁금합니다. 태초부터 설날이 있었을까요? 그렇지 않죠. 음력이든 양력이든 시간관념이 없었던 먼 옛날에는 묵은해, 새해 그런 구분이 없었겠지요.

그런데 언제부터인가 한국인들은 묵은해와 새해를 구분했습니다. 그리고 새해의 첫날을 설날로 부르기 시작했습니다. 설날의 유래, 그게 그렇게 중요하지는 않습니다. 설날의 '설'을 '익숙하지 않은', '충분하지 않은'의 뜻으로 해석하는 연구자들이 있긴 합니다. '낯설다'의 '설'이 이런 뜻이겠지요.

설날의 유래는 뒤로 돌리기로 해요. 설날의 효과를 더 생각해 봅시다. 이 효과를 아는 게 더 중요합니다. 설날은 사람들을 새로운 사람으로 만듭니다. 신기하지요. 사람들은 본래 그대로인데 설날은 한 해를 대하는 우리들의 태도를 바꿔 줍니다. 그 태도가 중요합니다. 지난해와는 달리 올해는 자신의 여러 일이 원만하게 풀리기를 바라는 마음의 태도가 중요하지요.

설날에 아픔이 꽤 많았습니다. 일제는 설날을 해코지했습니다. 일제가 먼저 설날을 없애려 했습니다. 해방 이후 이승만 정부도 크게 다르지 않았습니다. 이승만 정부는 3·1절, 제헌절, 광복절, 개천절 등을 국경일로 식목일, 한글날, 추석, 크리스마스 등을 공휴일로 정합니다. 설날은 제외했습니다.

박정희 정부 내내 설날은 서자 취급을 받았습니다. 전두환 정부도 그랬습니다. 그런데 설날 공휴일 지정 여부가 매번 논란이 되자 1985년 아주 이상한 이름으로 이날을 공휴일로 지정했습니다. '민속의 날'이란 이름으로 말입니다. 그런데 참 신기하지요. 설날이 이렇게 오랜 시간 박대받았지만 죽지 않았습니다. 설날 문화가 역대 정부를 이긴 겁니다. 설날을 문화로 인정한 민중들의 끈기가 승리한 거죠. 『동아일보』 기사를 같이 읽어 볼까요.

> 외국인 업체가 1백여 개가 입주하고 있는 마산수출자유지역과 40여 국내 대기업이 들어선 창원 기계공단 및 2만여 명 여공이 일하는 한일합섬마산공장 등은 양력설의 연휴 외에 다가오는 음력설에도 4~5일간의 휴가를 주기로 했다는 것. 이곳에서 일하는 공원들은 지난 연초 휴가 때 고향에 갔다 왔지만 설날 차례를 지내려고 귀향했었던 것은 아니라고 한결같이 말한다.
> 마산수출자유지역의 1천8백여 명 여공을 고용하고 있는 일본인 전액투자회사 한국동광 대표 홍구선 씨는 음력설에 고향에 가 조상에게 차례를 지내겠다는 종업원들을 억지로 붙들어 놓을 수도

없고 그렇다고 신정 연휴에다 구정 연휴까지 주고 보면 조업일 단축으로 생산에 차질이 생길 것 같아 의논 끝에 신정엔 하루만 쉬고 구정 때 4일간 쉬도록 했다"고 말했다.

대도시 부산에서도 신정 연휴 때 설날 기분은 거의 없었고 부산역이나 고속버스터미널 시외버스주차장 등을 붐비게 한 것은 주로 관광지를 찾는 여행객과 등산이나 낚시를 위해 떠나는 사람들이었다.

봉급 생활자들은 몇 년 전까지만 해도 크리스마스 무렵부터 일기 시작하던 열기와 광란을 지금은 잊어버리고 보우너스가 축나지 않게 연휴를 즐기며 관광 등산 낚시 등에 나선다는 것.[5]

1978년 기사입니다. 이때 설은 구정 취급을 받았습니다. 그렇지만 서민들과 상인들은 설날을 진짜 명절로 여겼습니다. 민간 기업 대표조차 설날을 인정할 수밖에 없었다고 합니다. 설날을 쇠고 싶다는 종업원들의 바람을 기업 대표가 꺾을 수 없었던 겁니다. 이렇게 문화의 힘은 강합니다. 정치 권력의 힘보다 문화의 힘이 더 강합니다.

차례는 설이나 추석 명절에 조상에게 올리는 제례를 말합니다. 조상을 기리는 뜻으로 차례를 지내지요. 전통 차례는 절차가 다소 복잡합니다. 차례상 차리는 일도 쉽지 않습니다. 더구나 쉼이 강조되는 오늘날, 차례를 간소하게 차리는 집이 늘고 있습니다. 차례 자체가 설날의 목적은 아닙니다. 차례보다 더 중요한 건 한 해 시작을 맞이하는 우리들의 태도입니다.

---

5   1978년 1월 9일 『동아일보』 기사. 기사 제목은 「사라져 가는 고유 설 풍속」

설날에는 집안 어른들께 세배를 올립니다. 설날에 설빔을 입으면 더 좋습니다. 설날에 갈아입는 옷이 설빔입니다. 설날이 새해이니 묵은 옷을 입지 않고 새 옷을 마련해 입었다는 거죠. 빔은 '꾸미다'라는 뜻의 옛말인 '빗다'에서 유래되었다고 하죠. 그러니까 설빔은 설에 꾸미는 옷이나 신발 등등 일체를 말하는 것이겠죠. 어른들은 바지, 저고리, 두루마기를 설빔으로 어린아이들은 예쁘고 화사한 옷을 설빔으로 하였죠.

이렇게 조상들은 설빔을 입고 어른들께 세배를 드렸습니다. 먹고 살기가 넉넉해진 오늘날, 사람들은 굳이 설빔을 입지는 않습니다. 평소 입던 옷을 깨끗하게 차려입어도 설빔입니다. 차례와 설빔이 설날의 본질은 아닙니다. 설날을 맞이하여 내 삶이 새로워지기를 바라는 우리들의 마음 확인이 설날의 본질입니다.

좋은 문화는 사람을 그냥 두지 않습니다. 사람들을 신나게 하고 사람들을 들뜨게 합니다. 여러분이 설을 체험한다는 건 한국문화를 즐긴다는 뜻입니다. 여러분이 설이라는 문화로 세상과 연결되어 있다는 뜻이기도 합니다. 어제가 오늘 같고 오늘이 어제 같겠지요. 자, 사진 한 장 같이 볼까요.

[그림 2] 충북대학교 성년의 날 장면[6]

---

[6] 2014년 5월 10일 『머니투데이』(https://m.mt.co.kr)에서 이미지 캡처

2017년 5월 15일 충북대학교 대공연장에서는 성년식이 개최되었습니다. 충북대학교에서는 2002년부터 성년의 날을 기린다고 합니다. 성년의 날은 법정 기념일입니다. 만 19세가 된 젊은이의 성년을 축하하는 날입니다. 여러분 혹시 관혼상제라는 말을 들어보았죠? 관례, 혼례, 상례, 제례의 줄임말이 관혼상제입니다. 이 중 관례가 성년이 되는 의식을 말합니다.

　조선 시대에는 남아 나이 15세가 되면 성인 의식을 치릅니다. 일가친척을 모시고 말입니다. 이때 남아는 성인 복장을 할 수 있습니다. 여아의 경우는 달랐다고 해요. 머리에 쪽을 집니다. 그 위에 족두리를 얹습니다. 그리고 비녀를 꽂은 후 성인이 될 수 있었습니다. 나이를 먹는다고 성인이 되는 게 아닙니다. 권리만 누린다고 성인이 되는 건 더욱 아닙니다. 언행의 무거움을 자각해야 성인이라고 할 수 있겠지요. 이 행사 참 괜찮아 보입니다. 이 행사에 참여한 학생들의 기분이 어땠을까요? 처음에는 어색했겠지요. 아무래도 전통 관례에 익숙하지 않았겠죠.

　전통 관례 성년식에 참여한 학생들은 자신이 자랑스러웠을 겁니다. 성년식에 참여하지 않았다고 해서 성인 자격이 없는 건 아닙니다. 그렇지만 이렇게 성년식을 치르면 기분이 남다를 겁니다. 자부심과 책임감을 느끼게 되지요. 그저 나이만 든다고 성인이 아니구나 생각할 수 있습니다. 이 역시 문화의 힘입니다. 좋은 문화는 이렇게 나를 새롭게 하는 힘이 있습니다. 좋은 문화는 나를 나날이 새롭게 합니다.

3. 존중받아야 하는 문화

　문화를 이해하는 관점은 크게 두 가지입니다. 문화절대주의와 문화상대주의가 그것입니다. 고등학교 사회탐구 시험 문제에 제법 출제된 개념입니다. 문화절대주의와 문화상대주의는 외울 개념은 아닙니다. 이 두 개념을 일상에서 자연스레 익히면 좋습니다.
　많은 이들이 두 가지 관점 중에서 문화상대주의를 더 지지합니다. 문화절대주의는 타 문화를 인정하지 않는 배타적인 관점이라고 배웠겠지요. 그런데 문화절대주의가 무조건 그른 태도는 아닙니다. 문화절대주의의 본질은 보편성입니다. 보편적 문화가 '우수한' 문화라는 전제가 문화절대주의에 깔려 있습니다. 문제는 보편성입니다.
　『낯선 곳에서 나를 만나다』라는 책이 있습니다. 한국문화인류학회에서 만든 인류학 교재입니다. 괜찮은 교재입니다. 대개 인류학 교재는 번역본이 많습니다. 그렇다 보니 한국 실정과 맞지 않습니다. 이 책은 그렇지는 않습니다. 이 책의 첫 번째 주제가 문화상대주의입니다.
　이 책에 실린 인류학자 로하 보하난의 글 「티브족, 셰익스피어를 만나다」는 문화상대주의에 관한 흥미로운 사례입니다. 이 글을 읽고 문화의 이해 방식을 성찰했습니다. 셰익스피어는 영문학계의 거장입니다. 영국의 보물로 존경받는 작가이지요. 유럽 독자들은 셰익스피어의 작품에 보편적인 의미가 있을 거라 믿겠지요. 그런데 그게 아니라는 겁니다. 보편적 의미가 없다는 겁니다.

　　결국 나는 티브족 장로들에게 햄릿 이야기를 해주는 과정에서 햄
　　릿에 등장하는 사건의 내용과 동기에 대한 내 해석과 그들의 해석

이 크게 다르며, 각각 서로 다른 방식으로 해석되고 있었다는 사실을 알게 되었다. 햄릿에 대한 해석은 언제 어디서나 그리고 누구에게나 보편적으로 통용되는 것이 아니며, 어떤 사회의 특수한 상황이나 독특한 문화적 배경 또는 고유한 역사적 경험에 따라 다르게 이해될 수 있다는 것을 배운 셈이었다.

티브족 장로들과의 대화가 끝난 후에야 비로소 나는 이곳에 오기 전에 영국인 친구가 했던 말의 참뜻을 이해할 수 있게 되었다. 나는 그동안 친족과 혼인 관행, 가족 간의 유대, 부모와 자식 간의 관계 등에 관해 내 식으로 판단하는 데 익숙해 있었던 것이다. 그래서 내가 옳다고 믿은 것은 언제 어디서나 옳고, 내가 부정적으로 바라본 것은 언제 어디서나 부정적인 의미를 담고 있을 것이라고 쉽게 단정하고 있었던 것 같다. 햄릿을 통한 티브족 장로들과의 만남은 이들의 문화를 어떻게 이해해야 하는지를 일깨워준 소중한 경험이었다. 문화를 이해한다는 것이 바로 이런 것이로구나 하는 느낌이 내 머리 속에서 계속 맴돌고 있었다.[7]

로하 바하난은 서아프리카 나이지리아 티브족 촌장과 장로들에게 햄릿 이야기를 들려줍니다. 햄릿 이야기의 주요 내용 중 하나가 숙부와 어머니의 결혼입니다. 이 사건 때문에 햄릿이 억울하게 죽은 아버지의 복수에 나서지요. 그런데 티브족 장로들은 이 사건의 해석을 달리합니다. 이렇게요.

---

[7] 한경구 외, 『낯선 곳에서 나를 만나다』, 일조각, 2014. pp.50~51.

그는 계속해서 말했다. "형이 죽으면 동생이 형수와 결혼하고 형의 자식들의 아버지가 되지. 만약 당신의 작은아버지가 과부가 된 당신 어머니와 결혼을 하고 당신의 아버지와 작은아버지가 한 아버지와 한 어머니한테서 난 자식이라면, 그는 당신에게도 진짜 아버지가 되는 거요. 그런데 햄릿의 아버지와 작은아버지는 같은 어머니한테서 태어난 자식이었소?"[8]

이처럼 아프리카 티브족의 햄릿 이야기 해석은 유럽 독자와 다릅니다. 햄릿 이야기는 언제 어디에서나 유럽 독자들이 이해하는 방식으로 해석되는 보편적인 이야기가 아니라는 겁니다. 문화에 대한 이해 역시 그렇습니다. 프랑스의 저명한 인류학자이자 철학자인 클로드 레비 스트로스(Claude Levi Strauss)는 그의 저서 『슬픈 열대』에서 문명과 야만의 이분법을 거부합니다. 레비 스트로스는 1908년 11월 28일에 태어나 2009년 10월 30일에 타계합니다. 인류학, 사회학, 미학, 철학 분야에 구조주의 열풍을 불게 한 지적 거장입니다. 레비 스트로스는 이 책에서 브라질 오지의 원주민들에게도 그들의 삶을 유지케 하는 문화가 있음을 고찰합니다.

레비 스트로스의 주장은 오늘날에는 상식으로 통합니다. 이상한 주장은 아닙니다. 지구 대륙의 모든 문화는 그 나름의 내적 질서에서 진화된 문화라는 거죠. 그러니까 레비 스트로스는 그 자신

[그림 3]
구조주의 인류학의
창시자 레비 스트로스[10]

이 서구인이면서도 서구의 신화를 깬 겁니다. 서구인의 시선이 절대 보

---

8 앞의 책, p.14.
9 2008년 11월 29일 『동아닷컴』(https://www.donga.com)에서 이미지 캡처

편적인 시선이 아니라는 거지요. 비서구에는 문화가 없다는 서구인의 일반적인 시선은 식민주의자들의 시선이라는 거지요.

그런데 현실 역사에선 이런 식민주의자들의 시선이 팽배했습니다. 레비 스트로스 말을 빌리자면, 20세기 제국의 시대에서 비서구 아시아의 처지는 서구인들의 편견을 받는 '슬픈 아시아'였습니다.

여러분 창경원을 아세요? 저에게 창경원은 꿈동산이었지요. 어린 시절 부모님과 창경원으로 놀러 간 일이 아련히 떠오르네요. 창경원 놀이 시설, 식물원, 동물원 모두 재미있었지요. 김밥 먹는 재미도 쏠쏠했습니다.

그런데 새카맣게 몰랐습니다. 창경원의 비극을 말입니다. 창경원의 본래 이름은 창경궁이었습니다. 창경궁은 왕이 기거하는 궁궐은 아닙니다. 세종 임금이 수강궁이라는 이름으로 창경궁의 시작을 엽니다. 조선을 대표하는 궁궐 중 하나입니다. 1911년부터 1983년까지 창경궁은 창경원 신세였습니다. 조선 총독부가 경성에 근대적 공원을 만든다는 이유로 창경원을 개원했습니다. 창경원 동물원이 어린이들의 인기를 끌었습니다.

창경원이 본래 창경궁이었다는 사실을 대학생이 되어서야 알았습니다. 동물원은 서구가 만들어낸 발명품이지요. 아시아, 아프리카에 식민지를 확보한 유럽 열강들은 자기 나라는 물론 식민지에 동물원을 만듭니다. 창경원 동물원의 배경도 이렇습니다. 창경원은 식민주의의 공간으로 개원한 겁니다. 여기 참고할 만한 기사가 있습니다.

> 1908년 3월 25일 일제는 창경궁 안에 동물원을 짓기 시작했다.
> 서울 종로구 와룡동에 위치한 창경궁은 경복궁 창덕궁과 더불어 조선조의 3대 궁궐이었는데 헌종 철종 고종 때에는 폐궁과 다름없이 한적했다.

초대통감인 이토 히로부미가 순종을 창덕궁으로 강제 이어하면서 순종에게 위안거리를 제공하고 백성들로 하여금 왕실을 우러르게 한다는 구실로 창경궁에 박물관과 동식물원을 건설하게 했다. 이 공사로 화려하고 웅장했던 전각 행랑 문루 궁장 등이 헐리고 훼손돼 창경궁은 옛 모습을 많이 잃었다. 일제는 한일합방 후에는 경복궁에도 10여 채의 건물만 남기고 나머지는 헐거나 민간에 팔아넘기는 등 경복궁 창경궁의 훼손으로 황실의 존엄과 국권의 말살을 꾀했다.

1909년 11월 1일에 개원하면서 창경궁을 창경원으로 이름을 바꾸고 일반에게 공개했는데, 궁이라면 서민이 드나들 수 없다 하여 원으로 고쳐 개방한 것이다.

이때 입장료는 어른이 10전, 어린이 5전이었고, 수용동물은 곰 호랑이 낙타 원숭이 등 포유류 29종과 앵무 두루미 매 등 조류 43종으로 모두 72종 3백 61마리였다.[10]

　창경원은 애초부터 일본 제국주의의 정치적 기획으로 만들어진 공간입니다. 동물원 자체가 인간과 동물의 관계를 서열화하는 공간입니다. 동물원에서 동물은 '을'입니다. 일제 식민지 시절, 창경원은 일본인과 조선인의 관계를 서열화하는 공간으로도 해석될 수 있습니다.

　일제 위정자들은 조선 문화가 열등해 보였나 봅니다. 창경궁을 창경원으로 위상을 격하해도 된다고 생각한 거죠. 창경궁만 이런 오욕을 뒤

---

[10] 1995년 3월 21일 『한겨레신문』(https://www.hani.co.kr) 김정화 기자 기사. 제목은 「일제, 창경궁에 동물원 건설」

제1장　문화, 즐기며 사랑하며

[그림 4]
창경원 벚꽃 풍경 장면[12]

집어쓴 게 아닙니다. 경복궁도 그랬죠. 일제 위정자들은 자기 나라 문화가 아시아의 으뜸이라고 생각했겠지요. 그래서 창경궁의 역사를 부정하고 근대 공원을 개원한다는 논리로 창경원을 연 겁니다.

그런데 문화는 우등, 열등으로 나뉘지 않습니다. 모든 문화는 존중받을 가치가 있습니다. 서구 문화만이 문명이며 그렇지 않은 문화는 비문명이라는 인식은 근대 제국주의자들의 인식입니다. 어쩌면 문명과 야만의 개념은 실체 없는 관념 같습니다. 문화를 문명과 비문명으로 구분하는 인식은 오늘날에도 사라지지 않았습니다. 자의적 관념에 불과한 이 인식이 현실에서 차별과 폭력으로 비화하기도 합니다.

서양문화, 동양문화, 전통문화, 현대문화 모두 존중받아야 합니다. 지역문화도 그렇습니다. 문화는 지배와 종속의 관계로 이야기되지 않는 영역입니다. 문화는 지배와 종속에 구속되지 않는 빛나는 가치가 있습니다. 그 빛나는 가치를 문명과 비문명이라는 자의적 관념으로 죽이지 않아야 합니다.

---

11 대한민국역사박물관 블로그(https://muchkorea.tistory.com/938)에서 이미지 캡처

제2장 문화는 어떤 활동일까?

1. 틀을 따르는 문화 활동

 사람은 문화라는 터전 위에서 살아가는 존재입니다. 먹고 입고 말하는 행동 양식 모든 게 문화입니다. 사람은 문화를 먹고 문화를 입고 문화를 말하며 사는 문화인입니다. 그렇지 않은 사람이 있을까요? 사람은 문화를 체험하고 문화를 누리고 문화를 만드는 문화 주인공입니다.
 문화 주인공들이 따로 있는 게 아닙니다. 문화 주인공들이 따로 있다고 생각하지 말아야 합니다. 문화 주인공들이 따로 있다고 생각하는 사람은 문화 주체가 될 수 없습니다. 그런 사람은 문화를 누릴 수 없습니다. 문화를 누릴 수 없는 삶은 나를 살리는 삶이 아닙니다.
 문제는 문화 활동의 구체적 방식입니다. 문화 활동에는 크게 두 가지가 있습니다. 하나는 문화의 틀을 따르는 활동입니다. 다른 또 하나는 문화의 틀을 깨는 활동입니다.
 틀을 따르는 문화 활동이 우선입니다. 문화의 틀을 먼저 알아야 합니다. 문화의 기본 틀을 아는 건 중요합니다. 문화의 틀을 혁신하는 게 문화 활동의 우선처럼 보이지만 꼭 그렇지도 않습니다. 틀을 알아야 틀을 혁신할 수 있습니다. 문화의 틀을 혁신하는 자체가 문화 활동의 목적이 아닙니다. 먼저 문화의 틀을 깊이 있게 아는 일도 중요합니다. 판소리를 예로 들어 말해 볼까요.

[그림 1] 조상현 명창이 판소리하는 장면[1]

이 사진의 주인공은 조상현 명창입니다. 판소리는 우리의 전통 노래입니다. 그렇다고 한국인 모두 판소리를 좋아하는 건 아닙니다. 저 역시 그렇습니다. 판소리를 직접 듣기 전까지는 판소리를 모르고 살았습니다. 수업 때문에 판소리를 듣게 되었습니다. 이걸 왜 들어야 하나 이런 마음으로 국립극장을 찾지 않았나 싶습니다.

그런데 내 귀를 파고드는 판소리의 매력이 놀라웠습니다. 마음에 여러 감정이 일었습니다. 슬픔, 기쁨, 놀라움 등등 여러 감정이 마음을 다녀갔습니다. 언젠가 여러분들도 현장에서 판소리를 감상할 날이 올 겁니다. 그날이 가까울 수도 멀 수도 있습니다. 그날이 오면 귀 기울여 한국의 소리를 들어보면 좋겠습니다.

판소리는 한 명의 소리꾼과 한 명의 고수(북 치는 사람)가 노래와 이야

---

[1] 2016년 9월 6일 『연합뉴스』(https://www.yna.co.kr)에서 이미지 캡처

기를 엮어 가며 연행하는 장르입니다. 판소리는 창(노래), 일정한 줄거리가 있는 아니리(말), 말에 따른 몸짓인 너름으로 구성된 연행 장르입니다. 판소리의 유래에 대해서는 주장이 나뉩니다. 호남 굿판에서 판소리가 유래되었다는 주장이 있습니다. 유래가 어떻든 판소리는 조선 시대 최고의 히트 상품이었습니다. 백성과 양반 계층을 가리지 않고 판소리는 사랑을 받습니다.

  판소리는 소리꾼마다 창법이 다릅니다. 사진의 주인공 조상현 명창은 보성 소리를 널리 알린 분입니다. 조상현 명창은 보성 소리를 포함해 우리 소리의 장점을 어느 인터뷰에서 밝혔습니다. 통이 큰 어른입니다. 통이 크지 않았다면 보성 소리만이 최고라고 우겼을 것입니다. 그리고 이런 말씀을 남겼습니다.

> 하늘은 녹 없는 사람을 내지 않는다고 한다. 세상에 태어나면서 밥 못 먹을 사람은 없다는 이야기다. 밥을 못 먹는다면 자기가 미련하고 게을러서 그런 거다. 도둑도 오히려 돈을 잘 벌 수 있다.
> 나는 남들이 10번을 연습했다면 만 번을 연습했다. 새벽 4시에 일어나 5시간 연습을 한 후에야 아침을 먹었다. 남이 알아주는 것은 생각하지 않았다. 시립국극단에 있을 때는 단원들이 다 나간 밤 9시 반경부터 연습을 시작해 새벽 3시까지 하고 터미널 부근 식당에서 콩나물국밥 먹고 잠깐 눈 붙이고 출근하기도 했다. 이런 생활을 10년을 했다. 보성 소리를 시작할 무렵에는 밥만 먹고 하루 15시간 연습했다. 자기 시간 15분도 안 하는 지금 사람들과는 비교할 수 없다.
> 난 지금도 내가 소리를 잘한다고 말한 적이 없다. 소리를 엄청난

시간 동안 갈고 닦았다 그랬지 소리를 잘한다는 말은 하지 않았고 생각한 적도 없다. 가장 많은 시간을 소리 질렀다고 할 수 있지 잘한 것은 아니다. 그렇게 76가지 소리를 연습했다. 나는 잘하는 사람이 아니라 많이 단련한 사람이다. 술 담배 안 하고 헛짓 안 하고 집중해서 해도 될까 말까 하는 게 판소리다.

지금도 매주 월, 화요일에는 광주에서 목, 금, 토요일에는 서울에서 강의를 한다. 건강해야 하니까 요즘은 러닝머신을 딱 61분, 1시간 1분을 한다. 1분이 왜 붙냐면 러닝머신이 속도가 붙는 시간을 포함한 거다. 정확히 한 시간을 뛰고 이전부터 배웠던 체조를 하고 나면 1시간 35분이 된다. 이 시간을 매일 운동에 쓰고 있다.[2]

조상현 명창은 인터뷰에서 자기는 소리를 '잘'하는 사람이 아니라고 했습니다. 그 대신 자신은 시간을 들여 소리를 갈고 닦는다고 말하고 있습니다. 명창의 겸손입니다. 어느 정도 경지에 오르면, 자랑하고 싶은 게 사람의 심리입니다. 그런데 조상현 명창은 그렇지 않습니다. 오로지 판소리의 틀을 따르는 연습을 거듭해야 한다고 합니다.

조상현 명창은 판소리의 틀을 깬 노래꾼이 아닙니다. 조상현 명창은 판소리의 틀을 닦은 분입니다. 그래서 큰 경지에 오른 분입니다. 이렇게 틀을 따르는 활동을 우습게 볼 일은 아닙니다. 조상현 명창처럼 틀을 따르는 연습을 우선해야 합니다. 그래야 그 방면의 으뜸이 될 수 있습니다. 틀을 따르는 연습을 먼저 해야 그 방면의 경지에 오를 수 있습니다.

우리나라는 콘텐츠 강국입니다. 한류, 더는 거품 인기가 아닙니다. 대

---

[2] 2017년 3월 31일 『서울문화투데이』(http://www.sctoday.co.kr) 임동현 기자 기사. 기사 제목은 「난 소리 잘하는 사람 아닌 소리를 단련한 사람」

표적으로 한국영화의 수준이 놀랍습니다. 한국영화, 전 세계적으로 주목받고 있습니다. 2020년은 한국영화의 높은 수준을 전 세계에 알린 해입니다. 봉준호 감독의 영화 「기생충」(Parasite)이 제92회 미국 아카데미 시상식에서 각본상, 국제장편영화상, 감독상, 작품상을 받았습니다. 영어 영화가 아닌 한국어 영화로 이렇게 큰 상을 받은 겁니다.

봉준호 감독만이 아닙니다. 「복수는 나의 것」, 「올드보이」, 「친절한 금자씨」 등 복수 3부작으로 이름을 알린 박찬욱 감독의 영화를 좋아하는 관객들이 국내외에 많습니다. 이 중 「올드보이」는 2004년 깐느영화제에서 심사위원대상을 받습니다. 박찬욱 감독은 영화만이 아니라 첩보 드라마 『리틀 드러머 걸』(The Little Drummer Girl)을 2018년에 영국에서 출품했습니다. 두 감독의 내공이 놀랍습니다.

두 감독 모두 자기 개성이 돋보입니다. 자기 세계가 분명한 감독들입니다. 영화를 대충 만드는 이들이 아닙니다. 봉준호 감독의 스타일을 봉테일이라고 하죠. 박찬욱 감독의 영화 역시 서사와 색채가 압권입니다.

그런데 이게 중요합니다. 영화에 관한 두 감독의 학습 말입니다. 두 감독 모두 성공한 감독의 반열에 오르기 이전, 영화의 틀을 참으로 성실하게 학습했다는 겁니다. 이게 먼저라는 겁니다. 선행은 영화 학습입니다. 다음으로 자기 영화의 세계가 창조된 겁니다.

박찬욱 감독은 연극영화학과 출신이 아닙니다. 철학과 출신입니다. 박찬욱 감독이 다닌 대학에는 예술대학이 없었습니다. 그런데 어떻게 해서 박찬욱 감독이 세계적인 감독으로 클 수 있었을까요? 비결은 동아리 활동입니다. 박찬욱 감독은 영화 동아리 활동을 했습니다. 동아리 이름은 서강영화공동체입니다. 여기서 국내외 영화를 수시로 봤다고 합니다.

영화감독이 되기를 바란다면 먼저 영화를 봐야 합니다. 자주 봐야 합니다. 취미 삼아 보는 게 아닙니다. 하루 세끼 밥 먹듯 영화를 봐야 합니다. 밥이 건강의 기본입니다. 밥을 거르면 건강이 좋을 리 없습니다. 영화감독에게는 영화가 밥입니다. 박찬욱 감독은 영화의 틀을 닦기 위해 영화를 자주 본 겁니다. 달리 말해 영화의 틀을 학습한 겁니다. 학습하되 정말 성실하게 한 겁니다. 세계적인 감독이 괜히 된 게 아닙니다.

봉준호 감독, 자기 세계가 확고한 감독입니다. 자기 철학이 분명한 감독입니다. 봉준호 감독, 2003년 「살인의 추억」으로 작품성과 흥행성을 인정받습니다. 이 영화는 화성 연쇄 살인 사건을 소재로 했습니다. 2006년 봉준호 감독은 괴물 영화의 장르적 법칙을 자기 스타일로 전유한 「괴물」을 세상에 내놓습니다.

그런데 봉준호 감독이 처음부터 이랬을까요? 그렇지 않습니다. 봉준호 감독에게도 학습의 시간이 요구됩니다. 중학생 시절부터 영화의 꿈을 키운 봉준호 감독은 대학에서 영화 동아리를 만듭니다. 이후 한국영화아카데미 11기로 입학합니다. 이 과정에서 단편영화를 연출합니다. 봉준호 감독 역시 영화의 틀을 치열하게 학습했습니다. 이 학습의 토대 위에서 자기 세계를 다진 겁니다.

조상현 명창, 봉준호 감독, 박찬욱 감독 모두 자기 분야에서 높은 수준에 도달하고 있습니다. 여기서 타고난 재능을 말하면 안 됩니다. 높은 수준에 도달한다는 건 달리 말해 자기 작품에 대해 집요하다는 말입니다. 집요는 쓸데없는 고집이 아닙니다. 정신과 태도의 집중적인 응집력이 집요입니다. 자기 학습이 선행되지 않았다면 이런 집요가 가능하지 않습니다. 자기 학습이 선행되었기에 새로운 경지가 창조되는 겁니다. 문화의 틀을 먼저 알아야 합니다. 그냥 대충 아는 게 아니라 더 깊이 알아야 합니다.

2. 틀을 깨는 문화 활동

   틀을 따르는 문화 활동과 더불어 틀을 깨는 문화 활동이 있습니다. 틀을 깬다는 말은 문화의 틀에 얽매이지 않고 파격을 지향한다는 말입니다. 문화 활동가 중에는 문화의 틀을 정답으로 여기지 않고 새 정답을 찾는 이들이 있습니다. 이 활동이 전적으로 성공을 거두지는 않습니다. 실패도 합니다. 드물지만 대중의 폭발적인 지지를 받기도 합니다.

   이날치 밴드와 앰비규어스 댄스 컴퍼니가 정말 대단합니다. 이들은 한국관광공사 홍보 영상에 출연했습니다. 이날치 밴드는 '범 내려온다'를 부르고 앰비규어스 댄스 컴퍼니는 B급 의상으로 청와대, 영화「기생충」배경지에서 춤을 춥니다. 막춤인 듯 아닌 듯 안무인 듯 아닌 듯 이들의 춤이 압권입니다. 영상 조회 수가 3억을 넘겼습니다. 이날치 밴드와 앰비규어스 댄스 컴퍼니 모두 한류 스타로 등극했습니다.

[그림 2] 이날치 밴드 멤버[3]

---

[3] DMZ 뮤직 페스티벌 2020 홈페이지(http://dmzpeacetrain.com/artist_LEENALCH)에서 이미지 캡처

이날치 밴드의 노래는 정통 국악과는 다릅니다. 판소리의 고정 관념을 완전히 깨 버렸습니다. 이들은 판소리를 힙합처럼 부릅니다. 이들이 부른 수궁가 한 대목 '범 내려온다'는 이렇습니다.

> 범 내려온다 범이 내려온다
> 장림깊은 골로 대한 짐승이 내려온다
> 몸은 얼숭덜숭, 꼬리는 잔뜩 한 발이 넘고
> 누에머리 흔들며
> 전동같은 앞다리
> 동아같은 뒷발로
> 양 귀 찌어지고
> 쇠낫같은 발톱으로 잔디뿌리 왕모래를
> 좌르르르르 흩치며
> 주홍 입 쩍 벌리고 워리렁 허는 소리
> 하늘이 무너지고 땅이 뚝 꺼지난 듯
> 자래 정신없이 목을 움츠리고
> 가만이 엎졌것다[4]

'범 내려온다'는 수궁가의 한 대목입니다. 별주부가 아픈 용왕을 살릴 목적으로 육지 토끼를 속여 용궁으로 데려오는 이야기로 구성된 판소리가 수궁가입니다. 산중 호걸 호랑이가 별주부에게 달려드는 장면에서 이 대목이 나옵니다. 이날치 밴드는 '범 내려온다'를 그들의 방식으로 부

---

[4] 네이버 곡정보에 게재된 '범 내려온다' 가사 인용

릅니다. 그들은 '범 내려온다'를 판소리 힙합으로 부릅니다. 판소리라는 문화의 틀이 이들을 만나 진화하고 있습니다. 놀랍습니다.

앰비규어스 댄스 컴퍼니도 놀랍습니다. 이들은 춤의 고정 관념을 과감히 깹니다. 이들은 극장 무대에서 춤추지 않습니다. 도시 거리, 광장 심지어는 지역의 관광 명소에서 춤을 춥니다. 이들의 춤 역시 춤의 고정 관념과 거리가 아주 멉니다. 이들의 춤은 부드러운 율동이 아니라 집단 체조 같기도 합니다. 그런데 춤 같지 않은 이들의 춤은 중독성이 워낙 강합니다. 안 볼 수 없습니다. 한국관광공사는 어떻게 이들과 이날치 밴드와의 협업을 생각하게 되었을까요?

여러분, 이 사진에 등장한 주인공을 아십니까?

[그림 3] 씽씽 밴드의 타이니 데스크 콘서트 장면[5]

궁금하죠? 이 사진 주인공들이. 이 주인공들은 민요를 '핫'하게 부르는 씽씽 밴드 멤버입니다. 놀랍죠? 민요 밴드도 놀랍고 이 주인공들의 의상도 놀랍습니다. 우리나라 민요를 기반으로 밴드를 만든 이 주인공들의 아이디어가 놀랍기만 합니다.

씽씽 밴드는 문화의 틀을 깬 밴드입니다. 위 사진은 씽씽 밴드가 타이

---

[5] 2017년 11월 1일 『국민일보』(http://news.kmib.co.kr)에서 이미지 캡처

니 데스크 콘서트(Tiny Desk Concert)에 출연해 신나게 노래 부르는 장면입니다. 타이니 데스크 콘서트는 미국 공영 라디오 NPR의 인기 프로그램입니다. 세계에서 가장 '핫'한 밴드와 음악가들의 공연 라이브 영상을 내보내는 프로그램입니다. 쟁쟁한 팝스타들이 이 프로그램에 출연하였죠. 그런데 이 프로그램에 씽씽 밴드가 출연한 겁니다. 『한겨레신문』기사를 같이 볼까요.

> 씽씽의 음악은 '민요 록'이라 불린다. 국립극장 프로그램이었던 '제비·여름·민요'를 위해 19명이 모인 게 시작이었다. 소리 하는 사람만 11명이었다. 공연을 기획하면서부터 "록 페스티벌에 나가도 될 만한 음악을 만들어보자"는 구상을 했고 실제로도 좋은 반응을 얻었다. 하지만 매번 스무 명 가까운 인원이 움직이기는 어려웠다. 좀 더 단출해진 구성으로 이희문의 '쾌' 공연을 했고, 그런 과정을 거치며 지금의 6인조가 갖추어졌다. 새로운 형식의 음악에 멤버들도 재미를 느꼈다. 지금의 씽씽을 있게 한 가장 큰 원동력은 '새로움'과 '재미'였다.
> "극장에 들어가서 매번 세트를 만들고 의상을 맞추고 음악을 하는 것들이 지겨워졌어요. '쾌' 공연이 끝나고서 '이 멤버로 다 버리고 클럽에 가서 공연해 보자'고 홍대에 있는 클럽 '코스모스'에서 처음 공연을 했어요. 다 던져버리고 음악으로만 공연을 했는데 재미있고 이게 좋은 방향이라고 느껴졌어요."
> "전통 소리 하는 사람들이 '대중화' 이런 거에 집착을 하는데, 그것 때문에 씽씽을 하는 건 아니고 처음 하면서 그냥 재미있었어요. 낯선 장소에서 새로운 사람들을 만나는 게 처음에는 생소하고

두려웠는데 젊은 관객들이 계속 공연을 찾고 민요 가사를 찾아보고 하는 걸 보면서 다르다는 생각을 했어요. 처음엔 평소 전통 음악 공연하는 것처럼 '좋으시죠?' 이런 멘트 하고 그랬는데 그러지 말라고 하더라고요."[6]

씽씽 밴드는 전통 음악의 대중화, 이런 포부로 만들어진 밴드가 아니라는 겁니다. 새로움과 재미가 씽씽 밴드의 원동력이라고 합니다. 이 새로움과 재미가 문화의 새로운 틀을 만드는 원동력일 수 있습니다. 또한 오래된 틀을 혁신하는 원동력일 수 있습니다. 전통 음악의 대중화라는 포부는 중요합니다. 그러나 새 문화는 포부로 만들어지지 않습니다. 밴드 구성원의 재미, 이게 새 문화의 기틀일 수 있습니다. 포부도 재미있어야 이룰 수 있습니다. 재미없는 포부는 속박입니다.

민요는 밴드와 어울리지 않는다는 생각, 이건 통념입니다. 민요는 민요이고 밴드는 밴드라는 거죠. 민요는 한국 노래이고 밴드는 서양 음악이라는 거죠. 그런데 씽씽 밴드 주인공들은 이 틀을 깬 겁니다. 이들은 한국과 서양 음악의 틀을 깼습니다. 음악 그 자체의 틀을 깼습니다. 씽씽 밴드는 새로운 문화를 만들어 내는 문화의 혁신가일 수 있습니다. 문화의 융합이고 문화의 창조입니다. 유튜브에서 이들의 활동을 검색해 보세요. 이들의 노래가 우리를 은근히 중독시킵니다.

여러분들은 어떻습니까? 틀을 닦고 있습니까? 틀을 깨고 있습니까? 그런데 어쩌면 더 중요한 건 틀을 닦고 깨고의 문제가 아닐 겁니다. 문화를 사랑하는 마음이 더 중요하겠지요. 그런 마음이 없다면 어떻게 문화

---

[6] 2017년 10월 25일 『한겨레신문』(http://www.hani.co.kr) 김학선 기자 기사. 기사 제목은 「씽씽, '민요 록'으로 미국을 홀리다」

의 틀을 닦고 깰 수 있겠습니까.

3. 대중, 문화의 주인공

주인공이란 말, 부담 주는 말입니다. 더구나 문화의 주인공이란 말은 더 그렇습니다. 문화의 주인공이라는 말은 사람이라면 누구나 문화를 만들어야 한다는 뜻으로 읽힙니다. 여기서 말하는 문화의 주인공은 꼭 그런 뜻이 아닙니다. 이렇게 이해해 보기로 해요.

과거에는 문화 창조의 역할을 소수의 특권자나 전문가들이 맡았습니다. 그들만의 리그와 같았습니다. 오죽하면 고급문화라는 말이 있었을까요. 일반적으로 고급문화는 예술적 전통과 규칙을 존중합니다. 고급문화의 전통과 규칙은 문화 비전문가들에게는 진입 장벽입니다. 전통과 규칙의 벽 앞에서 비전문가의 진입이 막힐 수 있습니다. 전통과 규칙이 까다롭다면 대중들이 아무래도 진입하기가 어렵습니다.

그렇지만 고급문화가 더는 권위를 누릴 수 없는 세상이 왔습니다. 자본주의 세상이 득세하자 대중문화의 시대가 개막합니다. 우리나라만 하더라도 그렇죠. 우리나라에는 1970년대부터 대중문화가 본격적으로 전개됩니다. 집마다 TV, 라디오 등 대중매체가 보급됩니다. 대중들은 보고 듣는 문화 소비자가 되어 갑니다. 이때부터 문화는 대량생산, 대량소비가 됩니다. 그래서 이런 비판을 하는 분들도 있습니다. 대중문화는 상품화, 획일화의 특징을 보이는 저속한 문화라는 비판 말입니다.

그런데 과연 그럴까요? 고급문화는 고급하고 대중문화는 저속할까요? 이 구분은 절대적인 게 아닙니다. 이 구분은 상당히 자의적입니다.

여기서 말하는 고급과 저속 개념을 지나치게 맹신하지 않아야 합니다. 고급문화든 대중문화든 문화의 한 유형에 불과합니다. 더 중요한 건 문화를 사랑하고 즐기는 우리들의 자세입니다.

오늘날 대중들은 더는 문화의 소비자로 존재하지 않습니다. 대중들은 문화의 생산자로 자기 역할을 바꿔 나가고 있습니다. 대중들은 오늘날 더는 시청자나 관객의 지위에 머물러 있지 않습니다. 대중문화의 시대에서도 대중들은 문화의 주인공은 아니었습니다. 대중들은 문화의 소비자들이었지요. 그런데 그 지위가 오늘날 흔들리고 있습니다. 아니 흔들리는 정도가 아니라 문화 지형이 급격히 변화하고 있습니다. 대중들이 문화의 주인공으로 재편되는 문화 지형이 구축되기에 그렇습니다.

대중들이 문화의 주인공으로 역할을 하게 된 데에는 SNS 플랫폼이 한몫합니다. 대중들은 트위터에서, 페이스북에서, 유튜브에서 자기를 이야기하고 자기를 표현합니다. 우리나라 토종 플랫폼도 대중들을 문화의 주인공으로 변신시키는 데 일조합니다. 카카오의 브런치는 스토리텔링 플랫폼으로 유명합니다. 가령 이렇습니다.

글쓰기, 대중의 진입 장벽이 낮아진 게 사실입니다. 그러나 여전히 대중들은 글쓰기를 부담스럽게 여깁니다. 더구나 자기 글을 책으로 출간하는 일은 더 그렇습니다. 그런데 카카오 브런치가 대중 작가와 출판사를 직접 연결하는 판을 깝니다. 글쓰기 고수들이 브런치에 글을 연재하기 시작합니다. 좋은 필자를 찾던 출판사들이 브런치로 모입니다.

2020년 유튜브가 대세입니다. 검색을 아예 유튜브에서 먼저 하는 사람도 많습니다. 문자보다는 영상이 먼저라는 겁니다. 대중들의 눈을 잡아끄는 콘텐츠가 유튜브에 계속 탑재되고 있습니다. 지상파 방송의 영향력보다 유튜브의 영향력이 더 강해 보입니다.

유튜브에 자기 일상을 공개하는 유튜버들이 많습니다. 유튜브가 메모장이며 일기장입니다. 여행 경험을 영상으로 공유하는 브이로그를 남기는 유튜버도 많습니다. 영화 리뷰를 남기는 유튜버, 요리 레시피를 공개하는 유튜버 등 그 유형도 한둘이 아닙니다. 연로한 어른들도 유튜브의 주인공으로 활약합니다.

그 대표적인 예가 박막례 할머니입니다. 박막례 할머니의 유튜브 이름은 코리아 그랜드마(Korea Grandma)입니다. 영어 시청자를 위한 배려 같습니다. 구독자가 무려 130만 명입니다. 유튜브가 아니었다면 코리아 그랜드마가 탄생하기 어렵습니다. 유튜브라는 플랫폼이 있기에 할머니 크리에이터가 대중들의 사랑을 받게 됩니다.

과거에 없던 현상입니다. 박막례 할머니의 말투 참 재미있습니다. 콘텐츠 내용도 재미있습니다. 공중파 방송에서는 볼 수 없는 재미입니다. 할머니가 치매 위험 진단을 받자 손녀가 할머니를 위해 유튜브를 만들게 되었다고 합니다. 할머니와 손녀의 티격태격이 볼 만합니다.

코리아 그랜드마의 콘텐츠 중에 요리 콘텐츠가 있습니다. 공중파 방송 요리 프로그램과는 전혀 다릅니다. 박막례 할머니, 직감으로 요리합니다. 먹든 말든 그런 모습입니다. 예쁜 손녀 먹여야지 그런 게 아닙니다. 왜 귀찮게 이런 거 만들라고 하는 거야 그런 모습입니다. 그러면서도 어떻게 어떻게 요리 작품이 나옵니다. 공중파 요리 프로그램 관습을 깨는 반전이 보입니다. 제2, 제3의 박막례 할머니가 계속하여 등장할 수 있는 시대가 온 겁니다.

우리나라에서는 1970년대부터 대중문화가 본격적으로 시작되었다고 합니다. 그렇지만 대중들은 대중문화의 소비자였습니다. 그런데 이제는 꼭 그런 게 아닙니다. 스스로 연예인이 되고 콘텐츠 크리에이터가 된 대중들이 적지 않습니다. 그들은 유튜버가 되어 대중문화의 주인공으로 즐겁게 활약합니다.

예전에는 가르치는 일을 전문가들이 독점했습니다. 가르치는 일을 전업으로 하는 전문가들을 교수, 교사로 불렀습니다. 교수, 교사의 반대쪽에 학생이 있습니다. 이들의 관계가 작동하는 공간이 학교입니다. 초등학교, 중학교, 고등학교, 대학교 등 학교의 유형도 다양합니다. 학교 울타리 안에서 교수, 교사들은 가르치는 일을 독점했습니다. 그런데 이제는 그런 시대가 아닙니다. 콘텐츠가 있다면 누구든 가르칠 수 있습니다.

[그림 4] 유튜버 백수골방이 운영하는 채널의 콘텐츠[7]

영화 「인셉션」(Inception)의 한 장면입니다. 이 영화의 감독은 크리스토퍼 놀란(Christoper Nolan)입니다. 망해 버린 지구를 뒤로하고 호모 사피엔스의 새길을 찾는 쿠퍼의 이야기로 만들어진 「인터스텔라」(Interstella)의 감독이기도 하죠. 놀란 감독의 영화는 시간 구성이 단순하지 않습니다. 「인셉션」만 해도 그렇죠. 꿈과 현실의 시간 경계가 모호한 영화입니다. 이 영화의 주인공 코브는 꿈의 설계자입니다. 문제는 여기에 있습니다.

---

[7] 백수골방 유튜브 채널(https://www.youtube.com/watch?v=OG4AtMfqsoE) 에서 이미지 캡처

그가 꿈을 설계하면 할수록 꿈의 미로에 갇힌다는 겁니다. 영화의 결말 해석이 쉽지 않습니다.

그런데 어느 유튜버의 콘텐츠에서 이 영화에 대해 배웠습니다. 백수골방이란 영화 유튜버의 유튜브에서 배웠습니다. 백수골방의 콘텐츠 중에 「인셉션」을 리뷰한 게 있습니다. 그 내용이 평이하지 않습니다. 놀란 감독의 영화를 깊이 학습한 리뷰였습니다. 유튜브 플랫폼이 등장하기 전, 영화 리뷰는 영화평론가로 불리던 전문가들의 영역이었습니다. 그들은 주로 종이 잡지에 리뷰를 남겼습니다. 백수골방 유튜브 콘텐츠는 영화 리뷰의 변화를 알리는 상징 같습니다. 백수골방 유튜브는 가르침과 배움의 경계를 허물고 있습니다. 이 영화의 리뷰 조회 수가 무려 67만이 넘습니다. 유튜브가 배움의 장이고 학교입니다.

대중들을 문화의 주인공으로 등장시키는 이 획기적인 사건은 SNS 플랫폼 덕분입니다. 동영상을 유튜브가 아닌 다른 매체에 탑재할 수 있습니다. 그런데 유튜브는 대중 지식의 공유와 확산을 촉진하는 배움의 장으로 활용될 수 있다는 점에서 돋보입니다. 어디 유튜브만 그럴까요? 페이스북, 트위터, 아프리카TV 등은 대중들의 문화적 지위를 반전시키고 있습니다. 이 신종 매체를 토대로 스타가 된 대중들이 상당합니다.

[그림 5] 유튜버 대도서관이 운영하는 채널의 콘텐츠[8]

유튜브 스타를 한 분 더 소개합니다. 유튜브계의 유재석으로 불리는 대도서관입니다. 과거의 대중문화는 지상파에 기반하여 대중들을 불러 모았습니다. 오늘날은 그렇지 않습니다. 지상파의

---

8 대도서관 유튜브 채널(https://www.youtube.com/BuzzBean/videos_)에서 이미지 캡처

영향력이 크게 떨어진 겁니다. 그 자리를 비집고 나온 게 바로 신대중문화이지요. 이들은 유튜브, 페이스북, 트위터를 활용해 대중들과 접속합니다.

대도서관의 영상을 구독하는 이들이 어림잡아 170만이라고 합니다. 대도서관은 CJ에 소속되어 있습니다. 유튜브를 새로운 문화시장으로 판단한 엔터테인먼트 업체가 유튜브 스타를 가만두지 않았습니다. 이처럼 과거에는 존재하지 않았던 문화시장이 형성되었습니다. 자생적인 시장이겠지요. 대도서관은 게임을 실연하거나 영화 장면을 패러디하는 방식으로 콘텐츠를 탑재합니다. 특히 게임 콘텐츠의 인기가 큽니다. 게임 경험이 부족한 어른들은 게임 콘텐츠 자체가 이해 불가일 수 있습니다. 그런데 이렇게 이해 불가를 외치면 꼰대 취급을 받습니다.

게임은 젊은 세대들에게는 문화 그 자체입니다. 그 세대는 게임으로 소통하고 게임으로 추억을 공유합니다. 게임은 나빠, 하지 않아야 해 이렇게 말해 버리면 젊은 세대들의 소통 방식을 부정하는 겁니다. 젊은 세대들에게 있어 게임은 옳고 그름, 윤리 비윤리의 문제가 아닙니다. 게임은 젊은 세대의 문화입니다.

저는 전과로 공부한 세대입니다. 공부의 답이 전과에 있었지요. 전과로 숙제하고 전과로 공부했습니다. 그런데 더는 그런 세상이 아닙니다. 이제는 유튜버 영상으로 놀고 숙제하고 영어 공부도 합니다. 영화와 게임을 배우기도 합니다. 수많은 1인 크리에이터들이 유튜브에서 여행 콘텐츠를 탑재하고 영화를 리뷰하고 요리를 하는 세상입니다. 그들 중에 누군가는 스타로 뜨고 누군가는 사라집니다. 플랫폼에 기반한 신대중문화의 등장을 응원합니다.

제3장 　진화하는 한국의 정체성

1. 한국, 확장하는 개념

　한국문화에서 한국의 뜻을 모르는 사람은 없을 겁니다. 한국은 나라 이름입니다. 한국, 대한민국의 줄임말입니다. 일제강점기 이전의 나라 이름은 대한제국입니다. 그 이전에는 조선이었습니다. 나라마다 나라 이름이 있습니다. 미국도 나라 이름, 일본도 나라 이름입니다. 미국의 정확한 이름을 영어로 표기하면 이렇습니다. United States of America. 아메리카 국가들의 연합입니다. 미국의 정체성이 확실히 드러나는 이름입니다. 이름이 없는 사람은 없습니다. 나라도 그렇습니다. 나라마다 나라 이름이 있습니다.

　그런데 열린 마음으로 익힐 게 있습니다. 나라의 정체성이 시대에 따라 진화한다는 사실을 익히면 좋습니다. 여러분들은 한국을 어떤 나라로 배웠습니까? 여러분들은 초등학교 세대이지요. 저는 국민학교 세대입니다. 그 시절 국민교육헌장을 외우던 일이 지금도 잊히지 않습니다. "우리는 민족중흥의 역사적 사명을 띠고 이 땅에 태어났다"로 시작하는 국민교육헌장을 외워야 했습니다. 담임 선생님이 수업을 마치면 학생들을 줄 세워서 이 헌장을 외우게 했습니다. 외우지 못하면 벌을 받았습니다. 벌이 교실 청소였습니다. 그 벌을 제법 받았습니다.

어린 제가 민족중흥의 사명을 어떻게 알까요. 그런데 자꾸 외우다 보니 정말 그런가 싶기도 했습니다. 배운 게 또 있습니다. 한국인이 배달민족의 자손이라더군요. 다른 나라 민족과는 달리 우리는 순수 혈통이라는 겁니다. 순수 혈통의 위대함을 배웠습니다. 이런 노래도 배웠습니다.

> 아랫집 윗집 사이에 울타리는 있지만
> 기쁜 일 슬픈 일 모두 내 일처럼 여기고
> 서로서로 도와가며 한집처럼 지내자
> 우리는 한 겨레다 단군의 자손이다.[1]

가사가 좋아 보이지요? 서로서로 도와가며 한집처럼 지내자, 얼마나 좋습니까. 이 동요는 한국인은 모두 단군 할아버지의 자손이라는 전제를 깔고 있습니다. 그러니 서로 싸우지 말고 도우며 살라는 메시지가 이 동요에 내포되어 있습니다. 21세기 한국에 어울리는 노래는 아닙니다. 21세기 한국에는 워낙 다양한 한국인들이 존재합니다. 단군의 자손만 사는 게 아니라는 겁니다. 정말 그렇습니다. 『다문화코드』의 한 대목입니다.

---

[1] 네이버 지식백과(https://terms.naver.com) '서로서로 도와가며' 가사 중 1절 인용

> 우리는 세계 속의 한국이라는 말을 듣고 자라왔다. 그러나 불과 몇 년 만에 한국 속에 또 하나의 세계가 들어와 있다. 한국에 체류하는 외국인은 1990년에 5만 명에 그쳤다. 하지만 2010년 6월 현재 180개국에 121만 명으로 전체 인구 4천9백만 명 중 2.5%를 차지한다. 하지만 이 통계는 귀화자는 제외한 통계로 귀화자 10만 명을 포함해서 계산하면 131만 명 정도의 외국인이 한국에 살고 있다.[2]

이 책은 2010년도 통계를 토대로 서술되었습니다. 2020년은 외국인, 귀화자가 더 늘어났을 겁니다. 이제 한국문화에서의 한국은 더는 단일 민족 개념으로 설명되지 않는 나라입니다. 앞으로 더 그렇게 될 겁니다. 단일 민족이란 개념은 신화입니다. 그런 민족은 지구별에 존재하지 않습니다. 더구나 사정이 달라졌습니다. 2000년대를 기점으로 한국은 다인종, 다문화 국가로 급격하게 재편되고 있습니다. 국가 간 이주, 민족 간 이동의 자유가 확대되면서 여러 국가의 사람들이 한국으로 왔습니다. 더는 한국에 순수 혈통 배달민족만 모여 사는 게 아닙니다.

한국은 세계 속의 한국이어야 합니다. 한국문화 역시 세계 속의 한국문화이어야 합니다. 한국문화에서의 한국이 오로지 단일 민족의 한국이라고 더는 주장하지 않아야 합니다. 여기서 오해를 풀어야 하는 게 있습니다. 원래 한국인은 세계 속의 한국인이었습니다. 한반도를 전부로 아는 삶을 살지 않았습니다. 그 단적인 예가 한국 최초의 세계인 혜초스님입니다.

---

2   이성미, 『다문화 코드』, 생각의나무, 2010, pp.24~25.

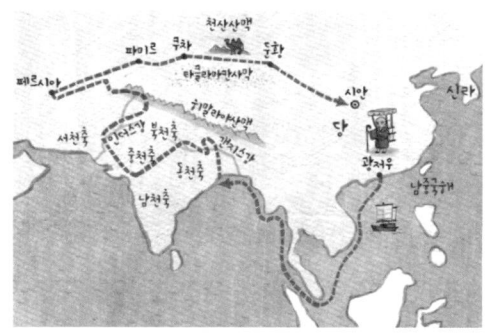

[그림 1] 혜초스님 서역기행 순례도[3]

한국 최초의 세계인 혜초. 혜초는 신라를 세계의 전부로 받아들이지 않았습니다. 그는 당을 거쳐 천축, 불교의 발상지 인도로 갑니다. 인도가 종착지가 아닙니다. 중동까지 걷습니다. 아니 혜초가 어디까지 다녀왔는지 정확히는 모릅니다. 이 기록이 『왕오천축국전』입니다. 『왕오천축국전』은 마르코 폴로의 『동방견문록』보다 5세기나 앞섭니다.

혜초의 기행은 자신의 정체성을 신라인에서 세계인으로 확장하는 의의를 띱니다. 몸은 고되었을 겁니다. 그렇지만 정체성의 지평은 열리게 됩니다. 경주에서 중국, 인도, 중동으로 이어진 그의 기행이 존경스럽습니다. 이렇게 한국인들은 한반도 외부를 끊임없이 오갔습니다. 은둔의 이미지는 허구입니다. 한국인은 예로부터 외부와 만나고 외부와 섞여 왔습니다. 배달민족이니 순수 혈통이니 이런 말로 한국인의 세계성을 축소하지 않아야 합니다.

하나의 예를 더 들어 볼까요. 여러분 박지원을 아시죠. 조선의 일급 지성이죠. 18세기 후반 실학의 거두입니다. 『열하일기』의 지은이입니다.

---

[3] 우리역사넷 홈페이지(http://contents.history.go.kr)에서 이미지 캡처

열하는 중국 허베이성 북부에 있는 칭더(承德)를 일컫습니다. 베이징에서 250km의 거리에 열하가 있습니다. 박지원은 1760년에 44세의 나이가 되는 해에 8촌 박명원을 따라 청나라로 나섭니다. 박명원은 황제의 칠순을 축하하기 파견된 사신입니다.

당대의 열강인 중국을 관찰하는 박지원의 시각은 날카롭습니다. 『열하일기』가 단순 여행기가 아니라는 겁니다. 예를 들어 박지원은 『열하일기』「일신수필」에서 수레의 제원, 종류, 효용, 운용 방법 등을 상세히 기록합니다. 더불어 조선에서 수레가 활용되지 않는 이유를 거론하며 질책합니다. 인용하면 이렇습니다.

"우리나라는 고을이 험준해서 수레를 사용할 수 없다."
고 말하니, 이게 도대체 무슨 말인가? 국가에서 수레를 사용하지 않으니 길이 닦이지 않았을 뿐이다. 수레가 다니게 된다면 길은 절로 뚫리게 마련이니, 어찌 길거리가 좁다거나 고갯마루가 높음을 걱정하랴?[4]

박지원은 조선의 지식인으로 늙어간 게 아닙니다. 박지원은 조선에서 동아시아로 자신의 세계관을 확장합니다. 박지원은 조선의 박지원이 아니라 동아시아의 박지원으로 성장합니다. 어디 박지원만일까요. 우리 몸에는 단군 자손의 피만이 아니라 세계인의 피가 흐릅니다.

한류가 전 세계인의 사랑을 받는 오늘날입니다. 세계 각지 외국인들이 한국으로 들어오고 있습니다. 코로나19 바이러스의 감염 위험 때문

---

[4] 박지원 지음, 김혈조 옮김, 『열하일기』 1, 돌베개, 2009, p.266.

에 세계인들의 한국 방문이 뜸합니다. 이 뜸함이 영원하지는 않을 겁니다. 한국에 대한 정의를 이제는 달리해야 합니다. 한국이 한민족의 혈통을 이어받은 사람들이 사는 나라가 아니라는 겁니다. 한국은 세계인들의 나라입니다.

더불어 한국문화는 과거로부터 전승되는 전통문화만을 말하지 않습니다. 한국문화는 한국의 문화이며 동시에 세계문화입니다. 한국문화의 한국이나 문화 모두 새롭게 진화하고 있습니다.

2. 새로운 한국인들

우리 주변에 새로운 한국인들이 종종 보입니다. 여기서 말하는 새로운 한국인은 배달민족 이미지를 확실히 깨는 한국인입니다. 바람직한 현상입니다. 새로운 한국인이 우리 주변에 보인다는 말은 우리 사회가 새로운 한국인을 환대하기에 가능합니다. 피부색과 말투가 한국인의 정체성을 확고히 가늠하는 기준이 아닙니다. 세상이 변하고 있습니다. 한국인의 정체성도 변하고 있습니다.

[그림 2] 모델 한현민 군[5]

이 사진의 주인공은 누구일까요? 이제는 제법 알려진 주인공이지요. 한현민 군입니다. 한국인이냐고요? 그렇습니다. 한국인입니다. 나이지리아 출신 아버지와 한국인 어머니 사이에서 태어났다고 해요. 한현민 군

---

[5] 2017년 12월 11일 KBS 뉴스(https://mn.kbs.co.kr)에서 이미지 캡처

은 톱모델에 속한다고 합니다. 본래 희망은 야구 선수였다고 합니다. 집안 사정 때문에 야구를 포기했다고 해요. 대신 모델의 꿈을 키웠습니다. 유튜브 패션쇼 영상을 보며 워킹 연습을 했습니다. 그리고 자기 사진을 꾸준히 SNS에 올렸습니다. 드디어 엔터테인먼트 업체의 연락을 받습니다. 현재는 모델 활동만 하는 게 아닙니다. TV 출연도 꽤 합니다. 인터뷰를 보기로 할까요.

한현민은 '진짜 한국인 맞느냐'는 진행자의 질문에 "고향은 이태원이고 순댓국을 가장 좋아한다"고 답했다.

한현민은 검은 피부에 곱슬머리를 가진 흑인 모델이다. 한국인 어머니와 나이지리아인 아버지 사이에서 태어난 다문화가정, 즉 혼혈 모델이다. 또한 한현민은 국내 1호 혼혈 모델로서 런웨이에서 많은 관심을 받았다.

이어 한현민은 다문화 가정에 대한 편견에 대해 "생각보다 많이 어려웠다. 많이 속임도 당했었고, 피부색이 다르다 보니까 어릴 때 놀림도 받았다"면서 백인 혼혈과 흑인 혼혈을 향한 차별 대우에 대해서도 "백인 혼혈이라고 하면 대개 다 '우와' 이러는데 흑인 혼혈이면 '너 되게 많이 힘들겠다'고 이야기 한다"고 말했다.

그러면서 한현민은 "이유 없이 놀리는 것들이 저에게 가장 힘들었던 것 같다"면서 "힘들 때마다 부모님이 '너는 특별하다. 언젠가는 좋은 일이 생길 거다'라고 이야기해주셨다. 그 말이 되게 힘이 됐던 것 같다"고 말했다.

한현민은 자신이 데뷔한 이후 다문화가정을 바라보는 패션계 인식도 바뀌는 것 같다고 했다. 한현민은 "패션계뿐만 아니라 한국

사회에서 차별이나 편견들이 없어졌으면 한다"고 말했다.[6]

한현민 군이 어린 시절, 주변의 편견으로 마음고생을 꽤 했습니다. 한국인이 아니라는 편견 때문에 마음고생합니다. 한현민 군이 이렇게 고백합니다. 많은 속임과 놀림을 당했다고 말입니다. 더구나 자신에 대한 차별 대우도 깨닫게 되었다고 합니다. 백인 혼혈에 대해선 주변 반응이 좋았다고 합니다. 흑인 혼혈은 그렇지 않다는 겁니다. 혼혈도 차별이 있다는 겁니다. 한현민 군을 격려한 부모님은 역시나 큰 어른입니다. 한현민 군은 한국인입니다. 이건 우리가 인정하고 말고의 문제가 아닙니다. 혼혈이라는 표현도 더는 쓰지 않아야 합니다. 순혈, 혼혈의 구분이 무의미합니다.

[그림 3] 이흑산 선수[7]

이 선수는 누구일까요? 어렵사리 난민으로 인정받은 이흑산 선수입니다. 복싱계의 기대주입니다. 아프리카 카메룬 출신의 권투 선수입니다. 본명은 압둘라예 아싼입니다. 이흑산 선수의 스토리는 인간 승리 그 자체입니다. 이흑산 선수는 카메룬의 수도 야운데에서 출생했습니다. 할머니가 키웠다고 합니다. 생계를 위해 복싱 선수로 카메룬군에 입대했습니다.

입대했지만 지원은 없었습니다. 가혹 행위에 시달립니다. 2015년 10월 경북 문경 세계군인체육대회 참가한 이흑산 선수는 탈영했습니다. 꼭

---

[6] 2017년 11월 27일 『허핑턴포스트』(http://huffingtonpost.kr) 김원철 기자 기사. 제목은 「혼혈 모델 한현민이 인종차별을 겪을 때마다 부모가 한 말」
[7] 2017년 7월 31일 『한겨레21』(http://h21.hani.co.kr)에서 이미지 캡처

한국을 생각한 건 아니라고 합니다. 난민 신청을 했는데 기각됐습니다. "송환되면 박해받을 거라는 공포의 근거가 충분치 않다"는 이유였습니다. 이 사연이 언론에 보도되었습니다. 난민 지위를 인정받습니다. 이렇게 어렵사리 난민 지위를 인정받아 한국인으로 살아가는 사람도 있습니다. 압둘라예 아싼에서 이흑산으로의 삶. 그 삶이 한국에서 펼쳐지고 있습니다. 한현민, 이흑산 모두 한국인입니다.

한현민 군은 토종 한국인입니다. 이태원이 고향입니다. 이흑산 선수는 난민 출신으로 한국 국적을 인정받습니다. 그런데 이들과는 다른 방식으로 한국 국적을 취득하는 사람들이 있습니다. 2018년 평창 동계올림픽에서 이런 일이 벌어졌습니다.

이 사진을 잘 보세요. 미국인과 한국인이 함께 찍은 사진으로 보이지요. 사실은 이렇습니다. 두 선수는 자매입니다. 사진 왼쪽이 해나 브랜트(Hannah Brandt)이고, 오른쪽이 매리사 브랜트(Marissa Brandt)입니다. 매리사 브랜트는 한국에서 입양됩니다. 한국계 미국인입니다. 한국 국가대표팀 코치에게 발탁되어 한국 국적을 회복해 한국 국가대표 선수로 뜁니다.

[그림 4] 자매 해나 브랜트와 매리사 브랜트[8]

그러면 미국 국적을 포기했을까요? 그렇지 않았습니다. 2010년 개정된 국적법에 따라 매리사 브랜트는 한국 국적, 미국 국적을 유지했습니다. 개정 국적법에 따르면 과학, 경제, 문화, 체육 등 특정 분야에서 매우 우수한 능력을 보유한 사람으로서 대한민국 국익을 높일 것으로 인정되

---

[8] 2017년 11월 17일 『연합뉴스』(https://www.yna.co.kr)에서 이미지 캡처

는 사람은 특별 귀화 자격이 생깁니다. 특별 귀화 방식으로 한국 선수가 된 매리사 브랜트입니다.

선수들에게 동계올림픽은 경쟁 이전에 참여가 우선입니다. 특히 동계올림픽에서 국적을 바꿔 가며 참여하는 선수들이 적지 않습니다. 그만큼 선수들에게 올림픽의 무게감이 큽니다. 우리나라에는 동계올림픽 선수가 많지 않습니다. 어렵사리 유치한 평창 동계올림픽. 우리로선 귀화 선수들이 고마운 겁니다.

매리사 브랜트만이 아닙니다. 우리나라 여자프로농구연맹은 리그 활성화를 위해 2006년부터 귀화 혼혈 선수 제도를 도입합니다. 이 제도 덕분에 우리나라 리그에서 뛸 귀화 선수를 종종 볼 수 있습니다. 이렇게 새로운 한국인들이 여러 방식으로 탄생하고 있습니다. 우리나라 인구가 급감하고 있습니다. 심지어 수도권을 제외한 지역에서는 지역 소멸을 걱정할 정도입니다. 단일 민족, 순수 혈통을 고집할 상황이 아닙니다. 새로운 한국인을 환대하는 게 이 문제를 풀 일곱 비책입니다.

단일 민족, 순수 혈통 이런 개념은 근대 신화입니다. 다문화 사회로 진입한 한국 사회가 더는 이런 신화를 추종할 이유가 없습니다. 다문화 사회라는 표현도 이제는 조심스럽습니다. 다문화라는 표현을 쓰지 않는 시대가 진정한 다문화 사회 같습니다. 다문화라는 표현은 잘못하면 '너는 다문화지만 나는 아니야.' 이렇게도 쓰일 수 있기에 조심스럽습니다. 단일 민족이 최고이며 단일 문화가 진짜라는 관념은 오히려 한국문화의 진화를 방해합니다.

3. 한국을 사랑하는 세계인들

 한국어를 한국인보다 워낙 잘하는 미국인, 중국인, 유럽인들이 많습니다. 이런 사람을 외국인으로 부르지 않겠습니다. 세계인으로 부르겠습니다. 한류에 힘입어 한국어 인기가 뜨겁습니다. 그렇다 보니 한국어를 참 잘하는 세계인들을 방송 매체에서 만날 수 있습니다. 심지어는 CBS에서 운영하는 유튜브 방송 세바시(세상을 바꾸는 시간) 무대에 올라 자기 인생 철학을 이야기하는 세계인도 있습니다. 여러분은 이런 세계인에게서 어떤 느낌을 받습니까?

 '와 한국어 잘하네' 이런 느낌입니까. '역시 한국어가 최고야' 이런 느낌입니까. 그런데 이런 느낌 이상의 깊은 인상을 주는 세계인이 있습니다. 타일러 라쉬(Tyler Rasch)가 그 주인공입니다. 타일러 라쉬, 방송인으로 활약하고 있습니다. JTBC 프로그램 「비정상회담」에서 타일러 라쉬를 처음 봤습니다. 타일러 라쉬의 자기 철학이 돋보였습니다. 타일러 라쉬가 철학자라는 말은 아닙니다. 자기 생각으로 자기 인생을 사는구나 싶었습니다.

 타일러 라쉬는 유튜브에 개인 채널을 운영합니다. 구독자가 12만 명입니다. 이 채널에 탑재된 영상 중에 '타일러가 한국어를 배우고 한국에서 살게 된 계기'라는 제목의 영어 영상이 있습니다. 이 영상에서 타일러가 자기 이야기를 진솔하게 합니다. 그 진솔한 이야기 중 하나가 한국어를 배우게 된 계기입니다. 그 계기가 새로운 문화를 체험하고 싶다는 겁니다. 라틴어 계열의 언어를 제외하니 한국어를 만나게 된 거라고 합니다. 타일러가 말하는 새로운 문화는 그가 한 번도 접하지 않은 문화 같습니다. 동북아시아 나라들은 모두 한자를 쓰지 않을까 생각했는데 한국

[그림 5] 세바시에서 강연하는 타일러 라쉬[9]

어를 처음 본 순간 그렇지 않아 놀랐다고 합니다.

2020년 5월 타일러 라쉬가 세바시에 출연했습니다. 세바시는 한국판 테드(TED)[10]입니다. 타일러의 강의 주제는 '원하는 대로 살고 싶으면 박스를 탈출하라'입니다. 타일러의 이 강연 참 좋습니다. 이렇게 말합니다. 우리가 꿈을 직함으로 생각한다는 겁니다. 꿈은 직함이 아니라는 겁니다. 어릴 때부터 아이들에게 직함으로서의 꿈을 묻는다는 겁니다.

이렇게도 묻는답니다. '뭐가 되고 싶어요?' 이 질문은 이미 정해져 있는 박스에서 꿈을 고르라는 겁니다. 타일러가 말합니다. '뭐가 되고 싶어요?'라고 묻지 말고 '뭐가 하고 싶어요?'라고 질문하라고요.

타일러는 자기 철학이 있습니다. 인생을 속도로 사는 사람이 아니라 방향으로 사는 사람입니다. 그래서 저는 타일러에게 배웁니다. 우리 주변에는 꿈을 직함으로 여기는 이들이 많습니다. 뭐고 되고 싶냐고 묻는 이들이 많습니다. 이는 꿈에 대한 한국인의 관행적 수사입니다. 타일러의 한국어는 이런 관행적 수사학을 성찰케 합니다. 타일러의 한국어가 좋은 이유입니다. 타일러의 한국어는 모방하는 한국어가 아닙니다. 한국어의 의미를 풍요롭게 하는 한국어입니다. 타일러 같은 세계인이 우리 주변에 더 많아지기를 기대합니다.

---

9 세바시 유튜브 채널(https://www.youtube.com/watch?v=CYmyp77d1BU)에서 이미지 캡처
10 테드(TED)는 미국 비영리 재단에서 운영하는 강연회이다. 위키백과 참고

여기 또 한 명의 세계인이 있습니다. 한국영화 평론가 달시 파켓(Darcy Paquet)입니다. 달시 파켓은 한국영화 평론 외에도 영화 강의, 번역으로 바쁜 한국영화 전문가입니다. 그가 한국영화 전문가가 된 이유가 있습니다. 좁게는 한국영화, 넓게는 한국문화에 매료되어서입니다. 한국문화를 사랑하면서 한국영화 일을 하게 된 겁니다.

[그림 6] 한국영화 평론가이자 번역가인 달시 파켓[11]

한국인들은 감정 표현이 솔직합니다. 한국영화도 그렇습니다. 달시 파켓은 1997년 한국에 잠시 머물며 한국영화를 본 경험이 있습니다. 감정 표현이 직설적이지 않은 미국영화와 달리 한국영화는 직설적이라는 겁니다. 이후 달시 파켓은 스스로 한국영화 홈페이지를 만들어 한국영화를 리뷰하기 시작했습니다. 영화 「기생충」을 번역한 번역가가 바로 달시 파켓입니다.

감정 표현이 솔직하다는 게 달시 파켓이 한국영화의 팬이 된 이유의 전부는 아닐 겁니다. 한글의 고유성에 매료되어 한국어를 배운 타일러처럼 달시 파켓 역시 한국영화의 개성에 매료된 게 아닐까요. 그리고 한국영화의 해외 진출이 많아지면서 달시 파켓도 바빠진 게 아닐까요. 달시 파켓이 영화판을 나와 대중들에게 자기 존재를 알린 사건이 있습니다. 2020년 3·1절 기념식에 달시 파켓이 등장했습니다. 달시 파켓이 영어로 독립선언서를 낭독합니다. 달시 파켓이 한국문화와 한국 현대사에 대한 이해력이 높아 이런 역할을 부여받았다 싶습니다.

번역은 중노동입니다. 일이 많아 중노동이 아닙니다. 골치를 아프게

---

11   문화체육관광부 해외문화홍보원 홈페이지(http://www.kocis.go.kr)에서 이미지 캡처

하는 일이어서 중노동입니다. 번역의 매개는 언어가 아닙니다. 문화가 번역의 매개입니다. 「기생충」을 번역한 달시 파켓. 이 말의 진짜 뜻은 달시 파켓이 「기생충」의 한국어 대사를 영어 대사로 표현했다는 게 아닙니다. 영어권 관객들은 아무래도 한국문화에 관한 이해력이 약합니다. 「기생충」에는 빌라 반지하가 자주 나옵니다. 영어권 관객들이 반지하를 알 리 없습니다. 번역은 이를 고려해야 합니다.

2020년 1월 14일 달시 파켓이 CBS 김현정의 「뉴스쇼」에 출연했습니다. 이 방송에서 달시 파켓이 이렇게 말합니다. 미국 관객들의 웃음이 터진 장면이 '제시카송'이라고요. '제시카송'은 영화에서 '독도는 우리 땅'을 개사해 만든 노래입니다. 그런데 한국 관객은 이 장면에서 그렇게 웃지 않습니다. 미국 관객과 한국 관객의 웃음의 코드가 다른 겁니다.

웃음의 코드가 이렇게 다른 미국 관객이 과연 「기생충」의 짜파구리를 이해할 수 있을까요? 달시 파켓이 짜파구리를 짜파게티와 너구리의 합성어가 아닌 라면과 우동의 합성어로 번역한 이유가 문화의 맥락이 달라서입니다. 「기생충」의 성공, 그저 운이 아닙니다. 달시 파켓과 국내 언론 매체의 인터뷰 중 일부입니다.

번역가로 활약하신 지 20년 차다. 한국영화 번역의 시작이 궁금하다.

"맨 처음엔 한국에서 기자로 일을 했었다. 기자 일을 하면서 한국영화를 보기 시작했다. 90년대 후반이었던 것으로 기억한다. 당시 인터넷에 영어로 된 한국영화에 대한 정보가 거의 없었다. 작은 웹사이트를 만들어 한국영화 리뷰 글을 올리기 시작했다. 생각보다 사람들이 많이 찾았고, 메일도 많이 받으면서 조금씩 커졌다. 그러다 우연히 「플란다스의 개」 검수를 맡게 되며 봉준호 감독님을 처음 만나게 됐다. 그 이후부터는 봉 감독님께 직접 연락이 왔다. 번역을 시작한 것은 「살인의 추억」부터인 것 같다. 당시 아내와 같이 시작했다. 「살인의 추억」은 아직까지 내가 제일 좋아하는 한국영화다."

여럿 감독들과 작업을 함께 했지만 그중에서도 봉준호 감독 작품을 많이 번역했다. 달시 파켓이 본 봉준호 감독은 어떤 사람인가.

"봉준호 감독님은 영화를 만들기도 전에 어떻게 나올지 다 알고 있는 것 같다. 예컨대, 「기생충」의 경우 2월에 번역을 했다. 5월에 개봉했으니 보통 2월엔 후반 작업을 하거나 CG도 완성되지 않을 때다. 다른 감독님들 같은 경우엔 계속 조금씩 수정한다. 대사도 바꾸고 편집도 바꾸고 지속적으로 수정하는 반면, 봉준호 감독은 2월에 바뀌는 것 없이 모든 게 끝나 있었다. 똑똑하신 분인 것 같다."[12]

달시 파켓의 한국영화 사랑이 대단합니다. 한국인도 이렇게 한국영화에 빠지지 않습니다. 봉준호 감독과의 인연은 「플란다스의 개」라고 합니다. 번역의 시작은 「살인의 추억」이라고 합니다.

한국영화의 성장에서 번역의 역할이 참으로 큽니다. 영화만 그런 게 아닙니다. 문학도 그렇습니다. 아니 문화 전반이 그렇습니다. 한국문학의 노벨상 수상은 출중한 번역가 양성이 없이는 한낱 꿈입니다. 달시 파켓의 국적은 한국이 아닙니다. 그는 한국어와 한국영화에 능통한 미국

---

[12] 2019년 10월 31일 『시사위크』(http://www.sisaweek.com) 이민지 기자 기사. 기사 제목은 「'기생충' 번역가 달시 파켓의 유별난 한국영화 사랑」

인입니다. 거주지는 미국이 아닌 한국 서울입니다. 여기서 달시 파켓의 국적은 중요하지 않습니다. 그의 각별한 한국 사랑이 중요합니다. 그의 각별한 한국 사랑이 한국영화를 해외에 더 알리는 요인입니다.

어떻습니까? 달시 파켓, 한국인보다 한국영화를 더 사랑하는 세계인이죠. 이들의 의견과 리뷰를 무조건 따르자는 건 아닙니다. 일단 이렇게 정리하면 좋겠습니다. 한국문화의 한국과 한국인의 정체성이 진화하고 있다고 정리하기로 합니다. 한국은 더는 단군 자손만이 존재하는 순수 혈통의 나라가 아닙니다. 사실 그런 나라는 지구별에 없습니다. 또한 한국을 사랑하는 세계인들이 늘고 있습니다. 타일러 라쉬, 달시 파켓처럼 한국문화를 사랑하는 세계인들이 눈에 띄게 늘고 있습니다.

한국문화는 더는 한국과 한국인만의 문화는 아닙니다. 한국문화는 지역문화이며 동시에 세계문화입니다. 새로운 한국인이 탄생하고 있습니다. 한국어와 한국문화에 능통한 세계인이 출현하고 있습니다. 이와 같은 변화를 환영해야 합니다. 문화는 한 가지 색채로 존재하지 않습니다. 문화는 여러 색채로 섞이며 진화하는 겁니다. 문화는 순종으로 존재하는 게 아니라 잡종으로 진화합니다.

잡종은 매력 만점입니다. 한국 비빔밥. 잡종 먹거리입니다. 비빔밥은 밥과 나물을 고추장으로 섞어 먹는 음식입니다. 그냥 섞는 게 아니라 화끈하게 섞어 먹는 밥이 비빔밥입니다. 비비는 방식에 따라 매운 비빔밥, 짠 비빔밥, 싱거운 비빔밥이 만들어집니다. 비빔밥, 한국 음식문화의 대표 사례입니다. 비빔밥처럼 한국문화는 더 비벼져야 합니다. 판소리와 힙합이 섞이고 국악과 댄스가 섞여 또 다른 판소리, 또 다른 국악이 나와야 합니다. 그럴 때 한국문화는 비빔밥처럼 변화무쌍하게 진화할 수 있습니다.

제4장 **지역문화의 이해(1)**

1. 지역의 발견, 지역의 문화

한국인이면 누구나 한국문화의 새로운 진화를 바라고 있습니다. 한국문화의 퇴보를 바라는 이들은 없습니다. 한국문화의 퇴보는 한국의 퇴보이며 한국인의 퇴보입니다. 한국문화가 더 바람직한 방향으로 진화하기를 바라는 마음은 한국인의 인지상정입니다. 그렇다면 우리에게는 한국문화의 자산인 지역문화를 새롭게 이해하는 학습이 필요합니다.

먼저 지역 개념을 살펴보기로 해요. 한때 지역이 아니라 지방이 더 쓰였습니다. 2020년에도 지역보다는 지방이란 말을 쓰는 분들이 많습니다. 말은 습관입니다. 그런데 말은 그냥 습관이 아닙니다. 말에는 주술적 힘이 있습니다. 비관적 표현을 습관처럼 쓰는 사람의 삶은 비관으로 흐릅니다. 말에 주술적 힘이 있어서 그렇습니다. 지방이 아니라 지역이란 말을 쓰는 여러분이길 바랍니다.

지방은 향토적 개념입니다. 이렇게 생각할 수도 있습니다. 향토적 개념은 한가한 시골을 떠올리는 표현이니 괜찮지 않냐는 생각 말입니다. 그렇지 않습니다. 어떤 장소가 향토로 불린다는 건 그렇게 좋은 일은 아닙니다. 향토의 유래를 알면 더 그렇습니다. 향토 개념은 식민 통치의 유산입니다. 일제 위정자들과 추종 지식인들은 식민지 조선을 근대와 문명이 발견되지 않는 맥락에서 향토로 호명했습니다. 반면에 자기 나라는 '내지'로 부릅니다. 식민지는 향토에 불과하다는 겁니다. 이렇게 향토는 중립적 개념이 아닙니다. 지역은 지방과 달리 향토 이미지를 거부하는 표현이자 개념입니다.

이 나라가 서울 중심적 나라라는 건 누구도 부인할 수 없습니다. 부산, 대구, 인천 등이 아무리 발버둥 쳐도 서울을 따라가기는 어렵지요. 과거 고도성장기에 전국 각지의 사람들이 서울로 몰렸습니다. 오죽하면 이호철 작가의 소설에 『서울은 만원이다』가 있을까요. 이 소설은 1966년부터 『동아일보』에 연재되었습니다. 이미 1960년대부터 『서울은 만원』이라는 겁니다. 2020년대의 서울은 '만원이다'의 수준을 훨씬 넘어서 있습니다.

[그림 1] 이호철 『동아일보』 연재소설 『서울은 만원이다』[1]

---

1 1996년 6월 4일 『동아일보』에 연재된 『서울은 만원이다』의 한 대목

'서울이 만원'이라는 말은 서울에 사람이 몰린다는 말입니다. 사람이 몰린다는 건 그만큼 서울이 사람들을 모이게 할 만큼 매력이 있다는 말이기도 합니다. 그렇지만 한국문화를 온통 서울에만 맡길 일은 아닙니다. 먼저 한국문화의 산실이 지역이라는 점이 강조되어야 합니다. 서울만이 한국문화의 산실이 아니라는 겁니다. 서울이라고 해서 한국문화의 산실이 아니라는 게 아닙니다. 서울은 한국문화의 산실이지요. 서울 같은 도시가 전 세계에 흔하지 않습니다. 그런데 서울과 함께 지역이 한국문화의 산실이라는 사실을 우리는 인정하면 좋겠습니다. 이 기사를 같이 보기로 할까요.

최근 한 종편채널에서 제작한 알쓸신잡 시즌2-안동편이 방영되면서 경북 안동시 주요 관광지마다 관광 인파가 크게 증가했다.
31일 시에 따르면 지난 27일 한 종편 채널에서 방영된 알쓸신잡(알아두면 쓸데없는 신기한 잡학사전)은 정치·경제와 미식, 건축, 뇌과학 전문가 등 잡학박사들이 국내를 여행하면서 다양한 관점의 이야기를 전했다.
딱히 쓸데는 없지만 알아두면 흥이 나는 '수다 여행' 프로그램이다.
이번 안동 편에서는 출연자들이 안동의 음식과 한옥, 탈에 관한 새로운 지식을 자세히 알려주며 안동을 좀 더 깊이 이해할 수 있는 기회를 제공했다.
미식 전문가는 안동헛제사밥을 비롯한 안동문어, 안동간고등어 등의 음식문화를 소개하며 안동음식에 대한 관심을 이끌었다.
건축전문가는 하회마을과 병산서원, 도산서원 등 안동지역 서원 건축과 한옥 등의 건축미를 읽어낼 수 있는 식견을 선사했다.

뇌과학 전문가는 탈과 뇌에 대한 설명은 물론 서애 류성룡과 충무공 이순신의 관계, 당시 정치 상황, 퇴계 이황과 기대승의 논쟁 등 안동이 품은 이야기를 진솔하게 풀어냈다.

이 같은 프로그램이 방영된 다음날 하회마을과 병산서원에는 6,000여 명의 관광객이 몰렸다. 이는 매년 이맘때쯤 주말 평균 관광객 5,000여 명을 크게 웃도는 수치다.

도산서원에도 주말 동안 예년 대비 30% 정도 증가한 4,500여 명이 찾아 안동문화를 즐겼다.

월영교와 민속박물관에도 이틀 동안 7,500여 명이 몰렸다. 월영교와 연결된 호반나들이길도 인파로 북적였다.

주말이면 하루 평균 500여 명이 찾던 월영교 인근의 한 헛제사밥 대형음식점에는 800여 명이 몰리면서 빈자리가 없어 방문객들이 발길을 돌리거나 30분 이상 대기하는 진풍경이 벌어졌다.

상대적으로 잘 알려지지 않아 관광객들의 발길이 뜸했던 안동소주 전통음식박물관에도 주말 이틀 동안 500여 명의 관광객이 몰렸다.

세계 각국의 탈이 전시되어 있는 하회마을의 하회동 탈박물관에도 관광객의 발걸음이 이어졌다. 시 관계자는 "각 분야의 전문가들이 함께 안동지역을 여행하며 깊이 있는 설명까지 곁들이는 바람에 평소보다 관광객이 크게 몰린 것 같다"며 "이번 기회를 통해 제대로 안동관광을 체험할 수 있는 프로그램을 마련토록 하겠다"고 밝혔다.[2]

---

[2] 2017년 10월 31일 『중앙일보』(http://news.joins.com) 김진호 기자 기사. 기사 제목은 「알쓸신잡 효과? 안동시 명소마다 관광객 북새통」

「알쓸신잡」은 tvN에서 제작한 예능 프로그램입니다. 「알쓸신잡1」은 9부작으로 2017년 6월 2일에 시작해서 7월 28일 방송을 마칩니다. 「알쓸신잡2」는 2017년 10부작으로 10월 27일 시작해서 12월 29일에 방송을 마칩니다. 안동 편은 「알쓸신잡2」의 1회로 나옵니다. 이 프로그램에 등장하는 출연자들의 입담이 상당하죠. 「알쓸신잡2」편 1회에 안동이 나오자 관광객이 급증합니다. 저도 안동을 좋아해 기회 있을 때마다 다녀옵니다.

안동 편에서 출연자들은 안동 음식, 한옥, 탈을 주제로 입담을 펼쳤습니다. 안동 대표 음식으로 소개된 게 안동 헛제사밥입니다. 하회마을, 병산서원, 도산서원도 소개되었습니다. 월영교도 소개되었고요. 안동은 하나의 얼굴을 지닌 도시가 아닙니다.

안동의 대표적인 얼굴은 국학의 도시입니다. 그런데 또 다른 얼굴이 있습니다. 한국 독립운동의 산실입니다. 또 다른 얼굴이 있습니다. 헛제삿밥, 안동식혜 등 안동은 먹거리의 고장이기도 합니다. 안동의 매력이 이렇게나 다양합니다. 여러 얼굴을 지닌 문화의 주인공이 안동입니다. 「안동」이라는 시가 있습니다. 유안진 시인의 작품입니다.

    어제의 햇빛으로 오늘이 익는
    여기는 안동
    과거로서 현재를 대접하는 곳
    서릿발 붓끝이 제 몫을 알아
    염치가 법규를 앞서던 곳

    옛 진실에 너무 집착하느라
    새 진실에는 낭패하기 일쑤긴 하지만

불편한 옛것들도 편하게 섬겨가며
참말로 저마다 제 몫을 하는 곳

눈비도 글 읽듯이 내려오시며
바람도 한 수 읊어 지나 가시고
동네 개들 덩달아 댓 귀 받듯 짖는 소리
아직도 안동이라
마지막 자존심 왜 아니겠는가.

-유안진 「안동」[3]

  유안진 시인의 고향이 안동입니다. 그래서일까 안동의 매력을 이처럼 멋있게 묘사한 시가 없습니다. 안동은 어제의 시간과 오늘의 시간이 단절되지 않은 지역이라는 겁니다. 안동은 불편한 옛것들도 편하게 섬기며 저마다 제 몫을 하는 지역이라는 겁니다.
  사람들이 안동에 몰린 이유가 뭘까요? 「알쓸신잡」 출연자들의 입담 덕일까요? 물론 이들의 입담이 한몫했습니다. 출연자들의 입담이 안동 인기에 큰 일조를 했습니다. 그렇지만 안동 그 자체의 매력이 인기 요인입니다. 안동 음식, 한옥, 마을이 없었다면 출연자들의 입담이 반향을 일으키기 어려웠을 겁니다. 아니 먼저 이 방송의 피디가 안동 편을 만들 리 없습니다.
  저는 안동의 병산서원을 참 좋아합니다. 도산서원도 좋습니다. 그렇지만 병산서원이 마음에 와닿습니다. 병산서원은 한국 서원 건축의 으

---

[3] 유안진, 『누이』, 세계사, 1997, p.64.

뜸입니다. 병산서원 입교당에 앉아 만대루 방향으로 시선을 돌리면 마음이 탁 트입니다. 누구든 병산서원에서는 시인이 될 수 있습니다. 예전에는 병산서원을 차로 가기 어려웠습니다. 지금은 구불구불 산길을 따라 차로 가까이 접근할 수 있습니다. 그런데 차보다는 걸어서 가는 병산서원이 더 좋습니다.

병산서원은 서애 류성룡(1542_1607)[4]을 배향하고 있습니다. 서애 류성룡은 퇴계 이황의 제자이지요. 서애는 임진왜란의 명재상이었습니다. 그의 나이 51세가 되는 1592년에 임진왜란이 터집니다. 임진왜란, 조선의 참화였습니다. 이 참화의 한 가운데에서 조선을 구한 재상이 류성룡입니다. 승승장구하는 관직 생활이 아니었습니다. 탄핵도 받습니다. 류성룡은 임진왜란의 기록물인 『징비록』을 하회에서 저술합니다. 서애의 혼이 깃든 병산서원. 사랑하지 않을 수 없습니다.

병산서원의 만대루를 저는 좋아합니다. 아니 존경합니다. 만대루, 화려하지 않습니다. 인위적이지 않습니다. 그렇지만 빼어납니다. 만대루가 빼어난 이유는 주변의 자연환경과 유기적인 일치를 이뤄서입니다. 만대루는 자연에 닫혀 있지 않습니다. 만대루는 자연과 연결되어 있습니다.

만대루가 자연과 연결되었다는 말은 만대루 자체가 자연이라는 말입니다. 기둥이 그렇습니다. 기둥은 나무 굴곡이 그대로 보입니다. 휘어진 모습 그대로입니다. 주춧돌 역시 반듯하지 않습니다. 오히려 거칠고 투박합니다. 이렇게만 보면 만대루의 가치가 낮아 보입니다. 그런데 그렇

---

[4] 류성룡은 임진왜란을 승리로 이끈 명재상으로서 경북 의성 외가에서 태어나고 안동 하회마을에서 성장한다. 퇴계 이황으로부터 하늘이 내린 인재라는 극찬을 받는다.

지 않습니다. 만대루의 가치는 병산, 낙동강과 함께 극대화됩니다. 만대루 풍경이 병풍 속 풍경 같습니다.

[그림 2] 만대루에서 본 입교당[5] [그림 3] 만대루 2층 누각[6]

만대루에서 바라보는 병산과 낙동강. 이 자체가 한 폭의 그림입니다. 사방으로 탁 트인 만대루에 앉아 있으면 이게 물아일체의 느낌이구나 싶습니다. 여기서는 사람이 주인공이 아닙니다. 만대루와 그 자연이 주인공입니다. 이렇게 병산서원은 자연을 배척하는 구조가 아닙니다. 자연을 품고, 자연과 공존하는 구조입니다. 안동에 가면 병산서원을 들러 보세요. 입교당에 앉아 보고 만대루에서 병산과 낙동강을 조용히 응시해 보십시오. 그 순간 지역은 한국문화의 변방이 아니라 당당한 자산임을 터득할 수 있습니다.

어떻습니까. 안동의 저력을 아시겠지요. 안동, 한국문화의 산실입니다. 지역이 곧 한국문화의 산실이고 지역문화가 곧 한국문화입니다. 그런데 안동만이 아닙니다. 우리에게는 경주가 있고 또 전주가 있습니다. 아니 또 다른 지역들이 있습니다. 이 지역이 바로 한국문화의 산실입니다.

---

5   지역N문화 홈페이지(http://ncms.nculture.org)에서 이미지 캡처
6   지역N문화 홈페이지(http://ncms.nculture.org)에서 이미지 캡처

2. 지역을 꽃 피우는 문화

우리나라에는 안동에 버금가는 한국문화의 산실이 제법 많습니다. 경주, 전주, 공주, 제주 등이 그렇습니다. 이곳만이 아닙니다. 우리나라 국토 전부가 한국문화의 산실입니다. 이런 지역을 답사할 기회를 만들어야 합니다. 답사할 기회가 생기면 마다하지 않아야 합니다. 답사든 관광이든 여러분들의 지역 경험을 확장해야 합니다. 수준 높은 한국문화의 산실을 직접 다녀와 보기 바랍니다.

흔히 경주는 신라문화의 보고로 불립니다. 경주는 신라의 수도입니다. 한때는 왕경으로 불렸습니다. 경주하면 석굴암, 불국사 이렇게 떠올릴 수 있습니다. 그런데 경주의 지역문화가 진화하고 있습니다. 그 진화의 현장이 대릉원 일대입니다. 대릉원은 신라 천년의 역사가 고스란히 간직된 왕족들의 거대 무덤군입니다. 1973년 대릉원 왕릉 하나가 발굴됩니다. 신라 보물들이 쏟아져 나옵니다. 이게 바로 천마총입니다.

요즘엔 대릉원보다 그 주변이 더 인기입니다. 대릉원 주변이 황남동입니다. 황남동은 황리단길의 소재지입니다. 황리단길이 점점 진화하더니 대릉원 일대가 전주한옥마을처럼 변했습니다. 황리단길과 가깝게 교동마을이 있습니다. 교동마을도 한옥 지구입니다. 황리단길과 교동마을이 경주를 신라문화의 보고에서 지역문화의 산실로 변화시키고 있습니다.

지역문화의 진화가 지역의 활로로 이어집니다. 지역의 활로는 지역 활동가의 발상 전환에서 먼저 이뤄집니다. 어떤 발상의 전환일까요? 그건 바로 지역의 가능성을 최대한 모색하는 발상의 전환입니다. 적절한 예가 있습니다. 제주 올레길입니다.

제주 올레길은 우리나라에 걷기 열풍을 일으켰습니다. 올레는 제주 방언입니다. 집으로 가는 골목길이란 뜻입니다. 제주의 어머니들은 자식들에게 올레로 나가서 놀라고 가르쳤습니다. 제주 사람들에게 올레길은 친숙한 장소입니다. 제주 사람들의 삶과 아주 긴밀한 장소입니다. 이 올레길이 걷기 열풍을 일으켰습니다. 이제 누구나 제주 하면 올레길을 떠올립니다.

올레길은 걷기 열풍을 불러일으키기 전부터 제주의 이곳저곳에 있었습니다. 걷기를 위하여 만들어진 게 올레길이 아닙니다. 제주의 아이들은 올레길에서 놀았으며 제주의 어른들은 올레길을 통해 밭으로 산으로 바다로 간 겁니다. 발상의 전환이 이뤄집니다. 제주도를 올레길의 섬으로 만들어 내는 발상의 전환이 이뤄진 겁니다.

[그림 3] 사단법인 제주올레 서명숙 이사장[7]

발상의 주역은 서명숙 제주올레 이사장입니다. 서명숙 이사장의 눈에 올레길은 유럽 산티아고 길보다 잠재력이 커 보였습니다. 한 사람의 창의적인 발상이 오늘의 올레길을 만든 겁니다. 서명숙 대표가 사회적 난제를 창의적으로 해결하는 사람에게 수여하는 아쇼카 펠로로 선정된 이유가 있습니다.

아쇼카한국은 2013년 설립됐다. 이혜영 대표는 이때부터 시작해 7년 만에 아쇼카한국을 전 세계 40여개 지부(92개국 담당) 중 '톱4'의 규모로 키우고 13명의 펠로를 탄생시켰다. 올해 아시아의 노벨

---

7 2018년 8월 13일 『중앙일보』(https://news.joins.com)에서 이미지 캡처

상으로 불리는 막사이사이상을 수상한 김종기 푸른나무재단(청예단) 이사장을 비롯해 제주 올레길을 만든 서명숙 이사장, 국민 마음 치유사 정혜신 박사, 인류 문맹 퇴치 해결사로 나선 이수인 에누마 대표 등이다.

 아쇼카의 활동은 펠로 선정에서 끝나는 것이 아니다. 아쇼카 펠로들은 사회 변화를 일으키는 엔진들이다. 엔진을 찾아내고, 엔진들을 연결해 협업을 이뤄내고, 협업 모델을 사회로 확산시키는 것이 궁극적인 목표이다. "13명의 한국 펠로 중에는 특히 교육혁신가들이 많습니다. 그들의 협업 모델이 바로 '미래를 여는 시간'입니다. '미래를 여는 시간'은 말하자면 아쇼카한국의 서브 브랜드인 셈입니다." 그의 설명이다.

 사람에 투자하는 아쇼카의 펠로 검증은 아주 까다롭다. 추천받은 사람을 대상으로 '한국지부 인터뷰-본사 파견 베테랑 인터뷰-국내 혁신가 3명 인터뷰'를 차례로 거치고, 만장일치 찬성을 하면 글로벌 이사회에 서류를 보낸다. 최종적으로 이사회 승인까지 5단계를 통과해야 펠로가 된다. 추천까지 2~3년씩 활동을 지켜보기도 한다. 때문에 지부가 있는 곳에서만 펠로를 선정한다. 이렇게 매년 100~120명의 펠로가 탄생한다.[8]

 올레길은 예로부터 전해진 제주의 문화자산입니다. 이 문화자산에서 제주의 미래를 새롭게 발견한 이가 바로 서명숙 이사장입니다. 제주는 우리나라의 대표적인 관광지입니다. 제주는 관광지의 역사보다는 제주

---

8 2019년 11월 24일 『주간조선』(https://www.chosun.com) 황은순 기자 기사. 기사 제목은 「김범수 카카오 의장이 60억 기부 '아쇼카한국'의 키워드는 교육혁신」

인들의 삶의 역사가 더 오래 이어진 섬입니다. 제주인들은 올레길을 걸으며 인생의 희로애락을 겪었습니다. 제주인들에게 올레길은 삶이고 문화였습니다. 이 올레길이 제주의 면목을 세상에 드러나게 했습니다.

　제주, 차로 신속히 이동하며 즐기는 관광지가 아닙니다. 차 타고 이동하면 편하긴 합니다. 특히 더운 여름과 추운 겨울에 그럴 수 있습니다. 그런데 차로 이동하는 관광은 내 몸과 마음을 기쁘게 하는 관광이 아닙니다. 그런 관광은 사람의 오감으로 하는 체험이 아닙니다. 올레길은 많은 이들에게 사람이 오감을 소유한 존재임을 깨닫게 합니다. 올레길은 실존의 여행입니다. 나의 오감과 함께하는 여행입니다. 올레길 걷기, 내 몸과 마음을 튼튼하게 키우는 치유의 축제입니다.

　제주에서는 해마다 올레 축제가 열렸습니다. 그동안 올레 축제는 두세 개 코스에서 하루 수천 명이 함께 걷는 방식으로 진행되었습니다. 올해는 그렇지 않다고 합니다. 코로나19 바이러스 때문에 그렇습니다. 사단법인 제주올레는 참여자를 최소로 하고 걷기를 분산하는 방식으로 이 축제를 진행했습니다. 걸어야 합니다. 걷고 또 걸어야 합니다. 그래야 제주의 바다가 눈에 들어오고 제주의 바람이 느껴집니다. 그때 비로소 제주문화가 내 몸 안으로 훅하고 들어옵니다.

　제주 올레길은 제주 지역문화의 즐거운 혁신입니다. 제주 사람들이 예로부터 걷던 길을 지역문화의 새로운 자산으로 만든 겁니다. 제주 올레길은 제주와 제주 사람들의 자부심을 높인 지역문화의 사례입니다. 제주 올레길이 수출까지 되었습니다. 이 말이 믿깁니까? 길이 수출된다는 게. 제주 올레길이 일본 규슈에 수출되었습니다. 사람들을 더 오래 붙잡아두는 비결이 규슈의 고민이었다고 합니다. 그 비결이 바로 제주 올레길이었습니다.

일본 규슈 올레길을 걸은 일이 있습니다. 반가웠습니다. 제주 올레길 표지들이 규슈의 산과 계곡에서 보였습니다. 제가 한국인이라는 게 자랑스러웠습니다. 규슈 올레길 코스가 여럿입니다. 저는 다케오 코스를 걸었습니다. 또 다른 코스도 걷고 싶습니다. 코로나19 바이러스가 아니었다면 벌써 다녀왔을 겁니다. 특히나 이 코스를 일본인 친구들과 걷고 싶습니다. 길이 우정을 만들어 주는 매개여서 그렇습니다.

제주 올레길이 일본에 이어 몽골에도 수출되었습니다. 제주 올레가 진화하여 몽골 올레가 된 겁니다. 제주, 몽골의 침략과 지배를 받은 섬입니다. 제주로 파견된 몽골인과 혼인한 제주 여성도 있었습니다. 그 몽골에 올레길이 수출된 겁니다. 무력이 아니라 문화의 힘으로요. 길은 제주에만 있는 게 아닙니다. 우리나라 전역에, 아시아 전역에 길이 있습니다. 그런데 그 길을 사통팔달 걷는 길로 만든 건 제주에서였습니다. 코로나19 바이러스가 잠잠해지면 몽골을 다녀오고 싶습니다. 몽골에 가서 몽골 올레길을 걷고 싶습니다.

몽골 올레길 1코스는 울란바토르 외곽에 있는 마을에서 시작해 14.5km에 걸쳐 조성되었다고 합니다. 바람이 부는 언덕과 몽골의 전통가옥 게르, 작은 숲을 거쳐 다시 마을로 이어지는 길에서 몽골의 자연을 체험할 수 있다고 합니다.

2코스는 총 길이가 11km라고 합니다. 유네스코 세계자연유산 테를지 국립공원을 중심으로 몽골의 자연을 체험할 수 있는 코스라고 합니다. 몽골 올레길에서도 제주 올레길의 표지를 만날 수 있다고 합니다. 일본 규슈와 몽골로 수출된 제주 올레길. 제주 지역문화의 수출이 참으로 반갑습니다.

3. 세계로 뻗는 지역문화

지역문화는 지역에 갇힌 문화를 말하지 않습니다. 지역문화는 지역의 장소성과 정체성을 토대로 형성된 문화이지만 그 경계는 지역에 한정되지 않습니다. 지역문화 지역의 경계를 넘어 세계로 뻗고 있습니다.

매년은 아니지만 해마다 5월이 되면 전주를 다녀옵니다. 전주국제영화제를 보기 위해서 그렇습니다. 이렇게 말할 수 있습니다. 전주와 영화제가 무슨 관련이 있냐고요? 틀린 말은 아닙니다. 전주에서 영화제가 개최될 필연적 이유는 없습니다. 부산도 그렇습니다. 부산에서도 매해 가을에 부산국제영화제를 개최합니다.

초점은 여기에 있습니다. 전주나 부산이나 영화제를 개최하는 게 자연스럽다는 겁니다. 그게 시간의 힘입니다. 애초 영화제가 기획되거나 시작 단계에서는 전주, 부산과 영화제가 무슨 관련이 있을까 이렇게 질문할 수 있습니다. 그런데 이제는 더는 그런 질문을 하지 않습니다. 영화 팬은 물론 일반 시민들도 전주국제영화제, 부산국제영화제를 자연스럽게 받아들인다는 겁니다.

2019년 5월 전주국제영화제에서 스웨덴 영화를 봤습니다. 처음 본 스웨덴 영화였습니다. 로이 안데르손(Roy Anderson) 감독의 「길리압」(Giliap)이라는 영화였습니다. 「길리압」은 1975년 작품입니다. 욕망의 파열, 그에 따른 인간관계의 파국을 이야기하는 영화였습니다. 전주에서 스웨덴 영화라니. 정말 색다른 체험이었습니다. 영화를 보는 내내 북구의 흐린 날씨에 노출된 느낌이었습니다.

[그림 4] 전주영화제 상징물[9]

　전주국제영화제는 부산국제영화제와 영화제 성격이 다릅니다. 전주국제영화제는 실험적이며 독립적인 작품을 주로 상영합니다. 독립예술영화의 축제가 전주국제영화제입니다. 상업영화가 득세하는 상황에서 독립영화의 설 자리는 좁습니다. 이윤을 보장하지 않는 영화, 극장이 환영하지 않습니다. 이런 배경에 비추어 전주국제영화제의 의의가 참 큽니다. 영화의 다양성을 환영하는 영화제, 영화의 편집실험을 존중하는 영화제. 이런 영화제가 우리나라, 특히 전주에서 개최된다는 게 다행입니다.

　전주국제영화제는 마침 한옥마을과 가까운 원도심에서 개최됩니다. 영화제가 열리는 내내 지역예술가들이 차린 부스에서는 소소한 수공예 작품이 판매되었습니다. 영화, 한옥마을, 전주 막걸리의 조화, 전주의 5월이 참 좋습니다. 전주국제영화제는 더는 전주만의 영화제가 아닙니다. 전주국제영화제는 부산국제영화제와 함께 명실상부 우리나라의 대표적인 영화제입니다. 전주의 지역문화이면서 한국문화인 전주국제영화제. 이제 그 경계를 지역에서 세계로 확장하고 있습니다.

---

[9]　2020년 4월 29일 『전북포스트』(http://www.jbpost.co.kr)에서 이미지 캡처

2020년 올해는 전주국제영화제가 온라인으로 자리를 옮겼습니다. 코로나19 바이러스 때문에 그렇습니다. 천만다행입니다. 온라인 세계에서나마 영화제가 열릴 수 있어서요. 전주국제영화제의 슬로건은 '영화, 표현의 해방구'입니다. 이 해방구가 문을 닫는 일이 없기를 바라는 마음, 각별합니다.

편식은 건강을 해칩니다. 영화 편식도 그럴 수 있습니다. 다양한 영화를 보는 여러분이기를 바랍니다. 상업영화가 나쁘다는 말이 아닙니다. 상업영화도 볼 만합니다. 저 역시도 상업영화를 종종 봅니다. 상업영화, 독립영화 편식하지 않으면 좋은 겁니다. 대구에는 오오극장이라는 이름의 독립영화 전용관이 있습니다. 좌석이 55개여서 오오극장입니다. 오오극장 영화는 일반 극장 영화와는 다릅니다. 말 그대로 독립영화가 매일 상영되는 극장입니다.

전주 학생들은 전주국제영화제에서 영화를 보면 됩니다. 대구 학생들은 오오극장을 다녀오면 됩니다. 그러면 영화를 보는 눈이 더 밝아집니다. 덩달아 사람과 세상을 보는 눈이 더 밝아집니다.

부산국제영화제. 아시아영화의 플랫폼입니다. 아시아, 더는 영화의 변방이 아닙니다. 한국, 중국, 일본 세 나라 모두 영화 수준이 높습니다. 우리나라의 영화 수준은 봉준호 감독의 「기생충」이 대변합니다. 아시아가 더는 영화의 변방이 아니라는 말은 아시아인의 영화적 표현이 서구 추종을 탈피, 자기 목소리를 낸다는 말입니다.

그런데 아시아영화를 주제로 기획된 이 영화제가 왜 부산에서 개최되었을까요? 그건 부산이 한국영화의 발상지라는 지역의 자각과 아시아영화를 지역의 이름으로 세계화하자는 지자체의 노력이 실현된 결과입니다. 부산국제영화제 역시 더는 부산만의 영화제는 아닙니다. 부산국제영화제는 부산의 영화제이자 한국의 영화제이며 나아가 아시아의 영화제입니다.

　우리나라 면적은 작습니다. 우리나라와 중국, 미국의 면적을 비교해 보십시오. 우리나라 면적이 절대적으로 작습니다. 그런데 현실은 이렇습니다. 저는 대구 시민입니다. 우리나라는 면적이 작으니 대구는 더 작을까요? 대구는 큽니다. 우리나라 면적은 작지만 대구는 크다는 말입니다. 아직도 제 발길이 닿지 않은 장소가 대구에 많습니다. 우리나라도 작고 대구도 작고 이렇게 생각하는 건 오만한 겁니다.

　대구를 유유히 흐르는 강이 금호강입니다. 금호강의 발원지는 포항시 죽장입니다. 여기서 발원한 금호강이 흘러 흘러 낙동강과 만납니다. 금호강과 낙동강이 만나는 자리에 사문진나루터가 있습니다. 사문진나루터와 대구 달성이 가깝습니다. 대구 달성에 세계문화유산인 도동서원이 있습니다. 도동서원을 2020년이 되어서야 다녀왔습니다. 달성도 그렇습니다. 달성도 2020년이 되어서야 다녀올 수 있었습니다.

　이렇게 반성했습니다. 대구가 결코 작은 지역이 아니라는 반성입니다. 대구의 지역문화를 더 체험해야 한다는 반성입니다. 서울은 어떨까요? 제주는 어떨까요? 부산, 전주, 광주는 어떨까요? 강릉, 속초는 어떨까요?

　지역은 넓고 깊습니다. 지역, 만만한 장소가 아닙니다. 지역, 한국문화의 산실입니다. 우리는 이 넓고 깊은 지역으로 더 들어가야 합니다. 여러분, 저 모두 지역 안으로 들어가야 합니다. 코로나19 바이러스가 여러분들의 꿈인 해외여행을 훼방합니다. 이럴 때일수록 먼저 지역 안으로 들어가 보십시오. 그러면서 지역문화를 열린 마음으로 즐기십시오. 배운다는 마음이 아니라 즐긴다는 마음으로 지역문화를 누리십시오. 그게 제주 올레길이어도 좋고 전주국제영화제여도 부산국제영화제여도 좋습니다. 지역은 여러분이 방문하기를 고대하고 있습니다.

제5장 지역문화의 이해(2)

1. 새로워지는 지역

지역은 문화의 산실입니다. 지역은 한국문화의 산실입니다. 서울만이 문화의 산실이 아닙니다. 서울, 한국문화의 산실로서 저력이 대단합니다. 서울이 한류의 진원지입니다. 서울은 전 세계의 뜨거운 환영을 받는 한류 공장입니다. 한편 서울은 한국 전통문화의 요람입니다.

서울은 궁의 도시입니다. 경복궁, 창덕궁, 창경궁, 경운궁, 경희궁 모두 서울에 있습니다. 조선왕조의 이 궁들이 서울을 궁의 도시로 불리게 합니다. 이 궁만이 아닙니다. 조선왕조는 종묘와 사직을 받드는 체제였습니다. 특히 종묘는 조선왕조의 골간입니다. 종묘는 사당입니다. 종묘는 조선왕조의 역대 왕과 왕후의 신주를 모시는 사당입니다. 종묘의 위상은 사당 그 이상입니다. 종묘, 서울을 한국문화의 산실로 입증하는 문화자산입니다.

서울 이외 지역은 어떨까요? 서울이 아닌 우리나라 지역들도 한국문화의 산실입니다. 우리나라 전 지역이 한국문화의 산실이라고 불려도 지나치지 않습니다. 지역마다 문화자산이 산재하고 있습니다. 지역 문화자산은 지역마다 특성이 다릅니다. 경주의 문화자산과 전주의 문화자산이 다릅니다. 대구의 문화자산과 부산의 문화자산이 다릅니다. 제주는 아예 육지 지역과 문화자산이 다릅니다.

이 다름이 지역문화를 풍요롭게 일구는 토대입니다. 지역 문화자산의 고유성이 지역문화의 토대입니다. 우리는 전주에서 서울을 기대하지 않습니다. 우리는 전주에서 제주를 기대하지 않습니다. 전주의 고유한 지역문화를 보고 싶어 전주를 찾습니다. 제주 역시 마찬가지입니다. 우리는 제주에서 하와이를 기대하지 않습니다. 제주의 고유한 문화를 보기 위해 많은 이들이 제주를 찾습니다.

전주를 예로 듭니다. 한옥마을은 전주의 대표적 문화자산입니다. 한옥마을에 경기전이 있습니다. 조선을 개국한 태조의 어진을 모신 사당입니다. 전주 이씨의 시조를 모시는 조경묘가 있습니다. 조선의 출발점이 전주입니다. 전주의 역사는 백제와 이어집니다. 전주, 호남의 대표적인 역사문화 지역입니다.

한옥마을이 상업화되었다, 예전 같지 않다는 우려와 비판이 있습니다. 이런 우려와 비판에도 불구하고, 한옥마을이 전주의 일급 문화자산이라는 건 자명합니다. 이런 까닭에 전주와 경주가 다릅니다.

경주의 문화자산은 신라에 뿌리를 둡니다. 석굴암, 불국사, 경주 남산 이 모든 게 신라 기반의 문화자산입니다. 경주는 세계문화유산 집적지입니다. 경주역사유적지구, 석굴암과 불국사가 유네스코 지정 세계문화유산입니다. 여기만이 아닙니다. 경주 전체가 문화유산입니다. 전주와 경주 문화자산이 전혀 다른 특성만을 보이는 건 아닙니다. 전주 경기전 일대, 경주 대릉원 일대 모두 한옥 지구라는 유사한 특징을 보입니다. 그렇지만 우리가 더 주목해야 하는 건 두 지역의 유사한 특징이 아니라 고유한 특징입니다.

다른 예를 듭니다. 우리나라에는 지역마다 산사가 있습니다. 이 지역 산사도 문화자산입니다. 2018년 우리나라 산사 일곱 곳이 유네스코 세계유산으로 등재되었습니다. 경남 양산 통도사, 경북 영주 부석사, 충북 보은 법주사, 전남 해남 대흥사, 경북 안동 봉정사, 충남 공주 마곡사, 전남 순천 선암사가 2018년에 유네스코 세계유산으로 등재되었습니다.

유네스코에 대해서 알아보기로 할까요. 유네스코는 1945년 창설된 유엔 기구입니다. 전 세계 교육, 과학, 문화를 전담하는 유엔 기구가 유네스코입니다. 유네스코 홈페이지는 유산을 다음과 같이 정의합니다.

> 유산이란 우리가 선조로부터 물려받아 오늘날 그 속에서 살고 있으며, 앞으로 우리 후손들에게 물려주어야 할 자산이다. 자연유산과 문화유산 모두 다른 어느 것으로도 대체할 수 없는 우리들의 삶과 영감의 원천이다.
>
> 유산의 형태는 독특하면서도 다양하다. 아프리카 탄자니아의 세렝게티 평원에서부터 이집트의 피라미드, 호주의 산호초와 남미 대륙의 바로크 성당에 이르기까지 모두 인류의 유산이다. '세계유산'이라는 특별한 개념이 나타난 것은 이 유산들이 특정 소재지와 상관없이 모두 인류에게 속하는 보편적 가치를 지니고 있기 때문이다.
>
> 유네스코는 이러한 인류 보편적 가치를 지닌 자연유산 및 문화유

산들을 발굴 및 보호, 보존하고자 1972년 세계문화 및 자연유산보호협약(Convention concerning the Protection of the World Cultural and Natural Heritage: 약칭 '세계유산협약')을 채택하였다.[1]

유네스코의 중요한 선정 기준이 인류 보편적 가치입니다. 인류 보편적 가치를 지닌 자연유산 및 문화유산을 발굴 및 보호, 보존할 목적으로 유네스코가 세계유산협약을 채택하였다는 겁니다. 세계유산은 문화유산, 자연유산, 복합유산의 세 유형이 있습니다. 2018년 한국의 산사가 유네스코 세계유산으로 지정되었다는 말은 한국의 산사가 인류 보편적 가치를 구현한다는 겁니다.

한국에는 유네스코가 인정한 인류 보편적 문화유산이 산재해 있다는 겁니다. 산사는 말 그대로 산에 터를 잡은 사찰입니다. 우리나라 명산마다 사찰이 있습니다. 반면에 도심 사찰은 그 수가 많지 않습니다. 산사의 공간 구성, 활용 방식, 주변 환경이 유네스코 세계유산 등재의 기준이었다 싶습니다.

유네스코가 말하는 보편적 기준은 막연한 기준이 아닙니다. 기준이 까다롭습니다. 그래서 나라마다 유네스코 세계유산 등재에 실패한 사례들이 많습니다. 세계유산으로 등재된 한국의 산사, 그야말로 한국문화의 쾌거입니다.

이 산사들은 한국문화의 유산으로만 평가되는 게 아닙니다. 인류 전체가 소중히 간직할 세계문화 유산으로 평가받는 겁니다. 이 산사 중에 경북 영주 부석사를 예로 듭니다. 안동 위에 영주가 있습니다. 왼편에 예

---

[1] 유네스코와 유산 홈페이지(https://heritage.unesco.or.kr)에 등재된 내용

천군, 오른편에 봉화군이 있습니다. 영주에는 부석사 외에 무섬마을, 소수서원, 선비촌이 있습니다. 자 그러면 부석사입니다.

부석사를 창건한 인물은 신라의 고승 의상대사입니다. 의상대사는 당나라에서 화엄종을 배우고 신라로 돌아와 화엄종을 널리 전파합니다. 화엄종의 개조가 의상대사입니다. 유명한 사찰과 고승에게는 전설이 한두 개쯤은 꼭 있습니다. 당나라 여인 선묘 전설입니다.

선묘가 당나라로 유학 온 의상을 연모했습니다. 선묘가 의상을 만나기를 간절히 원했지만 만날 수 없었습니다. 게다가 의상은 유학을 마치고 신라로 떠났다는 말까지 듣게 된 선묘입니다. 상심이 큰 선묘가 바다에 몸을 던져 용이 되었습니다. 용이 된 선묘는 신라로 향하는 의상대사를 지킵니다. 의상대사의 화엄종을 지킨 겁니다. 의상대사 부석사 터를 잡을 때 선묘가 돕습니다. 부석사에서 선묘의 흔적을 찾기를 바랍니다.

부석사에는 웅숭깊은 목조 건축물이 있습니다. 국보 제18호 무량수전입니다. 무량수전이 앉은 모양새가 보기 좋습니다. 무량수전은 배흘림기둥으로 유명합니다. 기둥이 밑에서 위로 올라가면서 굵어집니다. 계속 위로 올라가면 다시 가늘어집니다. 안정감이 돋보입니다. 측면과 전면의 비율도 보는 이들을 편안하게 합니다. 지붕 추녀, 기둥 하나하나가 참 매력적입니다. 무량수전은 화려하지는 않습니다. 기교가 빼어나지도 않습니다. 소박한 건축물입니다. 무량수전이 국보입니다. 소박한 외형이지만 추녀와 기둥의 곡선, 측면과 전면의 황금비율이 무량수전을 국보로 떠받든 요인입니다.

[그림 1] 부석사 무량수전 전경[2]

　부석사에서 바라보는 소백산맥 경관이 기가 막힙니다. 무량수전 맞은편에 안양루가 있습니다. 안양은 극락을 뜻합니다. 안양루에 오르면 가깝게는 부석사 경내가, 멀게는 소백산맥이 눈에 들어옵니다. 안양루에서 바라보는 소백산맥, 절경입니다. 안양루에 오르면 누구나 한국의 산사가 자연과 더불어 공생하는 공간임을 깨닫게 됩니다. 공생 공간으로서의 한국의 산사. 이게 우리나라 산사의 강점입니다. 고립된 산사가 아니라는 말입니다. 자연 속에 있지만 그게 고립이 아닙니다. 산사는 자연과 더불어 존재합니다. 지역에서 우리는 세계문화유산에 버금하는 지역 문화 유산을 만날 수 있습니다.

2. 지역문화의 진화

세계문화유산에 등재된 우리나라 문화유산은 이렇습니다. 1995년에 석굴암, 불국사, 해인사 장경판전, 종묘가 처음으로 세계문화유산에 등재되었습니다. 1997년에 창덕궁, 수원화성이 등재되었습니다. 2000년에 경주역사지구, 고창 화순 강화 고인돌 유적이 등재되었습니다. 2007년에 제주 화산섬과 용암동굴이 등재되었습니다. 2009년에 조선왕릉이 2010년에 안동 하회마을, 경주 양동마을이 2014년에는 남한산성이 세계문화유산으로 등재되었습니다. 이렇게 유네스코에 등재된 문화유산이 대개 지역에 분포되어 있습니다.

이처럼 우리나라는 물론 세계를 대표하는 문화유산이 전국 지역에 있습니다. 지역이 한국문화의 변방이 아닙니다. 지역은 한국문화를 꽃피운 옥토입니다. 소중한 한국문화가 꽃피워진 자리가 지역입니다. 사실 지역은 너르고 깊습니다. 영토 크기로는 지역이 작을 수 있습니다. 시간의 깊이는 그렇지 않습니다. 내가 몸을 담고 있는 지역이 우선입니다. 지역에 어떤 문화유산이 있는가를 살펴보십시오. 세계문화유산이 아니어도 좋습니다. 있다면 꼭 다녀오십시오.

오늘날 지역은 전통 문화유산의 산실로만 존재하지는 않습니다. 오늘날 지역은 자체적인 문화자산을 토대로 한국문화를 진화시키는 장으로 역할하고 있습니다. 지역의 문화자산을 지역축제의 콘텐츠로 기획, 구현하는 사례가 늘고 있습니다. 지역축제의 1차 토대가 지역의 문화자산이라는 말입니다. 지역의 문화자산을 바탕으로 지역축제를 개최하는 지자체의 사례가 적지 않습니다. 그 대표적인 예가 안동국제탈춤페스티벌입니다.

먼저 잠시 안동 이야기를 하지요. 안동에는 유네스코 지정 세계문화유산이 있습니다. 안동 하회마을이 그렇습니다. 강물이 마을을 감싸며 돈다고 하여 마을 이름이 하회입니다. 하회마을은 임진왜란의 명재상 서애 류성룡의 고장입니다. 풍산 류씨의 동성 마을입니다. 하회마을 전부가 문화자원입니다. 마을 둘레에는 넓은 모래밭이 있습니다. 울창한 송림도 있습니다. 아마도 이 모래사장에서 하회별신굿탈놀이와 선유줄불놀이가 전승되었을 겁니다.

하회별신굿탈놀이가 언제부터 하회마을에서 전승되었는지 그 기원을 정확히 알 수는 없습니다. 이 탈놀이가 오늘날 안동에서 축제로 승화됩니다. 과거에 전승된 하회별신굿탈놀이가 안동국제탈춤페스티벌로 더 매력적으로 승화되었습니다. 안동국제탈춤페스티벌은 안동 지역의 대표 축제입니다. 2018년에는 대한민국 글로벌 축제로 선정되었습니다. 경과는 이렇습니다.

1968년부터 안동 민속축제가 시작됩니다. 1980년에 하회별신굿탈놀이가 무형문화재 제69호로 지정됩니다. 1997년부터 안동국제탈춤페스티벌이 시작됩니다. 시작부터 인기를 끈 건 아닙니다. 어떤 축제든 성공의 문턱을 넘는 데는 시간이 듭니다. 지역축제가 성공의 문턱을 넘기 위해서는 지역민의 지지를 받아야 합니다. 지역민의 지지를 결정하는 요인이 축제의 정체성입니다. 안동국제탈춤페스티벌은 안동의 정체성과 딱 맞습니다. 안동이 바로 별신굿탈놀이의 진원지인 까닭입니다. 만약 안동에서 안동국제재즈페스티벌이 열린다면 어떨까요? 탈춤 페스티벌처럼 지역민의 지지를 받기는 어렵습니다. 탈춤 페스티벌은 정체성만 맞는 게 아닙니다. 장소성도 딱 맞습니다.

탈춤은 흥으로 추는 자유의 춤입니다. 탈이 인간을 자유롭게 합니다.

축제 기간 내내 안동이 떠들썩할 수밖에 없습니다. 그런데 아쉽기만 합니다. 코로나19 바이러스 때문에 2020 안동국제탈춤페스티벌이 전격 취소되었습니다. 안동의 1차 문화자산을 토대로 기획된 이 축제가 꼭 부활하기를 바랍니다.

안동국제탈춤페스티벌과 같은 사례가 더 있을까요? 네, 더 있습니다. 문경찻사발축제가 그렇습니다. 문경에서는 예로부터 찻사발이 만들어졌습니다. 문경에는 새재가 있습니다. 새재 남쪽을 영남으로 부릅니다. 문경은 이렇게 영남의 관문 교통의 요충지입니다. 영남대로의 길목이 문경입니다. 예로부터 사람 출입이 빈번한 고장이었습니다. 문경 주변이 산악입니다. 나무 땔감과 도자기 원료인 질 좋은 흙을 쉽게 구할 수 있는 고장입니다. 게다가 문경이 영남의 관문인 까닭에 사발을 여기저기로 운송할 수 있었습니다. 문경은 도자기업이 발달할 수 있는 여건이 풍부했습니다. 문경의 찻사발축제는 문경의 정체성과 어울립니다. 장소성과도 어울립니다. 문경찻사발축제는 안동국제탈춤페스티벌처럼 자기 지역의 문화자산을 토대로 기획된 축제입니다. 지역 문화자산이 지역축제를 만드는 토대가 되고 있습니다.

안동국제탈춤페스티벌, 문경찻사발축제와 달리 지역의 문화자산과 무관하게 지역축제를 기획하는 사례도 있습니다. 그 한 예가 대구국제뮤지컬페스티벌입니다. 저는 대구에 삽니다. 그래서 대구에서 개최되는 대구국제뮤지컬페스티벌을 해마다 기다립니다. 영어로 줄여 DIMF(Daegu International Musical Festival)라고 합니다. 2020년 DIMF가 14회째를 기록합니다. 2020년에는 DIMF가 개최되지 못했습니다. 코로나19 바이러스가 정상적인 개최를 방해해서 그렇습니다. 코로나19 때문에 2020년 DIMF에서는 해외 초청 작품들이 무대 위에 오를 수 없다고 합니다.

이렇게 말하는 사람이 있을 겁니다. 왜 대구에 뮤지컬 축제가 개최되는지 말입니다. 대구에는 뮤지컬 작품을 무대에 올릴 만한 극장이 적지 않습니다. 대구가 유네스코 음악 창의 도시가 된 까닭입니다. 대구에서 뮤지컬 축제 외에 오페라 축제, 재즈 축제가 열리는 이유가 있습니다.

이런 사정을 고려하더라도 대구에서 굳이 뮤지컬 축제가 열릴 이유는 없습니다. 대구의 정체성과 장소성이 뮤지컬과 맞는 건 아닙니다. 정체성, 장소성과 함께 지역축제의 성패를 좌우하는 요인이 시간성입니다. 2020년 DIMF의 나이가 열네 살입니다. DIMF의 나이가 열 살을 넘긴 겁니다. 아주 적은 나이는 아닙니다. DIMF의 나이가 열네 살이 되면서 이제 DIMF 개최가 자연스럽다는 겁니다. 마치 부산하면 영화제가 떠오르는 이치입니다.

뮤지컬과 영화는 어떤 특정 지역의 문화자산은 아닙니다. 뮤지컬이나 영화는 지역과 무관한 보편적인 대중문화입니다. 이 대중문화의 사례를 지역축제로 재구성하는 작업은 시간이 걸립니다. 대중들의 사랑과 지지를 받는 시간 말입니다. DIMF 이야기를 좀 더 합니다. 수도권 이외 지역에서 세계의 뮤지컬을 보기란 쉬운 일이 아닙니다. 그렇다고 매번 상경할 수도 없습니다.

뮤지컬이 보고 싶은 서울 시민이라면 대학로에 가면 됩니다. 서울 대학로에서는 뮤지컬이 상시로 열립니다. 제가 아무리 뮤지컬을 좋아한다고 해도 서울 대학로를 자주 갈 수는 없습니다. 그런 까닭에 저는 DIMF를 즐깁니다. DIMF에서는 실험적인 뮤지컬도 볼 수 있습니다. 우리와는 다른 외국의 정서를 반영한 작품을 볼 수 있습니다. 2019년 DIMF에서 프랑스 뮤지컬 「이브 몽땅」을 본 일이 있습니다. 소규모 뮤지컬이었습니다. DIMF가 아니었다면 프랑스 뮤지컬을 경험할 수 없었을 겁니다. 「테

비예와 딸들」이라는 러시아 뮤지컬도 이때 보았습니다.

지역에서 행해지는 대중문화의 축제 성과가 소중합니다. 지역이 전통문화의 보고로만 알려지지 않아야 합니다. 지역 기반의 영화제, 뮤지컬 축제, 오페라 축제, 미술 축제가 앞으로 더 큰 성과를 성취하기를 기대하고 있습니다. 이렇게 지역이 한국문화의 유산만이 아니라 당대의 대중문화를 역동적으로 생성하는 장소가 될 수 있습니다. 지역이 이렇게 성장할 때 지역에 활력이 생깁니다.

3. 지역의 근대와 원도심

저는 수시로 답사를 다닙니다. 거주지가 대구인 까닭에 대구 원도심 답사를 꽤 했습니다. 주말에는 대구 원도심으로 자주 출동했습니다. 그러다가 인근 부산으로 멀리 인천으로 원도심 답사를 다녀왔습니다. 지역 원도심, 한국문화의 새로운 산실로 주목받고 있습니다. 지역 원도심이 지역을 재발견하는 터전으로 인정받고 있습니다.

원도심, 구도심보다 품위 있는 표현입니다. 지역 원도심은 지역의 현대적 탄생과 관련된 장소입니다. 대구 원도심에서 근대 도시 대구의 유래를 확인할 수 있습니다. 마찬가지로 부산 원도심은 근대 도시 부산의 유래를 이야기하는 장소입니다. 지역의 원도심이 다 그렇습니다.

원도심의 유래가 이렇다 보니 과거에는 원도심을 구도심으로 불렀습니다. 그런데 구도심의 '구'에는 '오래된', '낡은'의 뜻이 있습니다. 구도심이 아니라 원도심입니다. '원'에는 '오래된', '낡은'의 뜻이 없습니다. 원도심은 원석 같습니다. 가공하지 않는 보석이 원도심 같습니다.

대구 원도심 이야기를 해보기로 하지요. 대구 원도심, 새로 생긴 게 아닙니다. 대구 원도심은 아주 오랜 시간부터 시민들과 함께 동고동락했습니다. 그런데 왜 갑자기 원도심일까요? 그렇습니다. 원도심은 본래부터 있었습니다. 본래부터 있었던 원도심이 시민들에게 발견된 겁니다. 원도심 골목과 장소는 시민들에게 그 가치가 발견되어야 쓸모가 보입니다. 대구 원도심도 그렇습니다.

대구 원도심이 발견되면서 대구가 재발견된 겁니다. 타 지자체도 그렇지만 대구 원도심, 한때는 화려했습니다. 대구 원도심은 과거 대구의 상업 요지였습니다. 언제부터인지 대구 원도심이 공동화의 길을 걸었습니다. 쇠락하기 시작했습니다.

반면 대구는 외부에 신도시를 건설하는 방식으로 영역을 넓혔습니다. 타 지자체도 그랬습니다. 대구만이 아니라 우리나라의 지역 도시들이 원도심과는 거리가 먼 장소에 신도시를 건설하는 방식으로 경계를 넓혔습니다. 그런데 이 방식이 한계에 봉착했습니다. 원도심으로 눈을 돌리게 된 배경입니다.

[그림 2] 대구역 전경[3]

대구 원도심은 대구역과 가깝습니다. 대구역은 1905년 준공됩니다. 경부선이 개통되며 만들어진 역입니다. 우리나라에서 철도의 기적 소리가 처음 들린 노선은 경인선입니다. 인천과 서울을 오가는 철도 노선이 경인선입니다. 1899년 경인선이 개통됩니다.

---

[3] pinterest 홈페이지(https://www.pinterest.co.kr/pin/586242076470296793)에서 이미지 캡처

1902년 10월 초량과 구포가 철길로 연결됩니다. 경부선의 시작입니다. 1903년 12월 구포와 밀양이 개통됩니다. 1904년 4월 밀양과 청도 성현이 개통됩니다. 1904년 10월 성현과 영동이 개통됩니다. 이때 경부선 대구역이 탄생합니다. 경부선 개통은 식민화의 상징적 사건입니다. 한편 경부선 개통이 한국인의 삶에 미친 영향이 실로 엄청났습니다. 이 두 측면을 주의 깊게 고찰할 때 원도심의 가치가 새롭게 보일 겁니다.

지금도 그렇지만 역 주변에는 상가가 형성됩니다. 북성로 거리가 이런 배경에서 만들어집니다. 대구에 본래 대구읍성이 있었습니다. 대구가 영남의 요충지여서 그렇습니다. 1735년 3월 민응수(1684~1750)[4]가 대구 관찰사로 부임합니다. 민응수는 조정에 대구읍성 축성을 강력하게 건의합니다. 영조 12년 1736년의 일입니다. 마침내 조정의 허가가 떨어져 둘레 2,650m, 높이 5.5m, 4개의 큰 문과 2개의 작은 문으로 대구읍성이 축성됩니다.

1906년 대구읍성 북쪽 성곽이 해체됩니다. 읍성을 해체해 달라는 일본인들의 요구를 관찰사 서리 박중양(1872~1959)이 받아줍니다. 당시 대한제국 조정은 반대합니다. 북쪽 성곽이 허물어지면 길 하나가 생깁니다. 바로 북성로입니다.

북성로는 일본인 식민자의 거리였습니다. 북성로 인근에 조선식산은행 대구지점이 있었습니다. 일본 헌병대 주둔지도 가깝습니다. 식민도시 대구의 요지가 북성로와 그 인근이었습니다. 이처럼 대구 원도심에는 지역의 역사와 근대를 표상하는 거리, 골목, 장소가 마치 퍼즐처럼 퍼져 있습니다. 그런데 이게 대구 원도심의 전부는 아닙니다. 대구 원도심

---

[4] 조선 후기 부제학, 대사간, 형초참판, 우의정을 역임한 문신. 1733년 청나라를 다녀오며 이후 경상도 관찰사를 거친다.

의 역사가 근대 이전으로 소급될 수 있어서입니다.

　대구 원도심에 북성로만 있는 게 아닙니다. 조선 시대 대구 경영의 중심 역할을 한 경상감영도 원도심에 있습니다. 대구읍성, 경상감영, 영남대로 등은 대구의 역사를 근대 이전으로 소급하는 장소이며 길입니다. 이렇게 대구의 정치, 경제가 원도심 주변에서 이뤄졌습니다. 그 장소에서 근대 도시 대구가 탄생한 겁니다. 거리가 만들어진 겁니다. 이처럼 대구 원도심은 지역의 역사가 시간대별로 겹을 이루는 장소입니다.

　자 다시 북성로 이야기입니다. 1945년 일제가 패전합니다. 한때 만주와 중국 일부, 한반도, 대만, 인도차이나를 식민지로 통치한 일제가 항복합니다. 북성로의 주인이 극적으로 바뀝니다. 일본인들이 북성로를 뒤로하고 자기 나라로 패주합니다. 북성로의 주인이 교체됩니다. 북성로의 성격도 바뀝니다. 공구거리로 바뀝니다. 대구는 한국전쟁을 겪으며 몸살을 앓습니다. 수십만의 피난민들이 대구로 유입됩니다. 서울의 유명 문인들이 대구로 피난합니다. 군부대도 대구로 집결합니다.

　대구, 낙동강 전선의 최후 보루였습니다. 한국군과 UN군이 사생결단의 각오로 낙동강 전선을 지킵니다. 낙동강 전선의 격전지가 다부동 전투입니다. 대구가 영향을 받습니다. 미군 부대의 공구와 군수물자가 북성로로 쏟아져 들어옵니다. 자연스럽게 점포가 등장합니다. 명장들이 등장합니다. 북성로 공구가게가 이렇게 탄생합니다.

　공구가게, 여전히 북성로의 주역입니다. 북성로, 참 중요한 공간이자 장소입니다. 대구의 역사문화마을입니다. 공구가게가 북성로의 주역인 까닭에 이 거리에는 장인들이 많습니다. 이 장인들이 북성로의 부침을 목격한 어른들입니다. 이 어른들 증언에 따르면 이렇습니다. 한국전쟁이 종료된 시점인 1953년 전후에는 북성로에 공구가게가 적었다고 합니다.

한국전쟁 이후 북성로 주변에 미군 부대와 보급창이 있었습니다. 보급창에서 군수 물자들이 북성로로 유입되면서 공구 골목 북성로가 형성됩니다. 나라 경제가 부흥하자 북성로도 전성기를 달립니다. 북성로의 전성기가 끝나자 적지 않은 장인들이 북성로를 떠납니다. 그렇지만 북성로의 문화적 가치가 떨어진 건 아닙니다.

예전보다 북성로 공구가게의 수가 줄어든 건 사실입니다. 새로운 변화도 나타났습니다. 사회적기업, 마을기업이 북성로 이곳저곳에서 터를 닦습니다. 북성로의 진화가 이뤄지는 겁니다. 북성로 원도심이 왜 중요할까요? 바로 지역 원도심이 지역문화를 진화시키는 삶터이자 일터여서 그렇습니다.

대구 원도심은 지붕 없는 박물관으로 비유됩니다. 이 지붕 없는 박물관에는 지역 주민들의 공통된 추억, 생애, 생활의 기억 등이 녹아 있습니다. 이 가치가 새롭게 발견되면서 대구 원도심이 사랑받는 겁니다. 지역 원도심이 더는 철거 대상이 아니라는 겁니다. 대구만 그런 게 아닙니다. 서울, 부산, 광주, 제주마다 원석처럼 그 가치가 돋보이는 원도심이 있습니다. 이 원도심을 없앨 일이 아닙니다. 원도심의 문화자산이 지역을 살릴 수 있습니다.

도시의 표정, 다양해야 합니다. 그 하나가 원도심의 표정입니다. 원도심을 지워버린 도시는 도시의 정체성을 싹 지워버리는 겁니다. 이 지붕 없는 박물관에서 지역문화의 새바람을 일으키는 주인공들이 있습니다. 그 주인공들은 사회적기업이나 마을협동조합의 방식으로 지역의 근대에 숨을 불어 넣습니다.

[그림 3] 2019년 대구종로초등학교에서 열린 북성로 축제 전경[5]

　예를 들면 이렇습니다. 북성로에서 매년 북성로 축제가 열립니다. 축제 기간 내내 시민들이 목공예, 가죽공예, 은공예 등 공예 체험을 즐길 수 있습니다. 북성로 백 년을 모티프로 만든 창작 국악도 감상할 수 있습니다. 이처럼 북성로를 지역문화의 산실로 만들어가는 지역의 인문학자, 예술가들이 적지 않습니다. 바람직합니다. 이런 활동이 지역과 지역문화를 살립니다. 대구만 이런 게 아닙니다.

　인천에는 지역문학관의 모범 사례가 있습니다. 바로 한국근대문학관입니다. 인천역을 바로 나오면 차이나타운이 눈에 들어옵니다. 인천역에서 인천근대박물관, 인천개항박물관을 거쳐 한국근대문학관으로 갈 수 있습니다. 인천은 우리나라의 대표적 개항지입니다. 그렇다 보니 한국근대문학관 주변에는 물산을 보관하는 창고가 많습니다. 그 창고를 리모델링해 한국근대문학관을 만든 겁니다. 인천 원도심에는 이렇게 개항의 흔적들이 즐비합니다. 인천 개항장의 역사와 기억이 녹아든 인천 원도심은 인천 지역문화를 혁신하는 일터이자 삶터가 될 수 있습니다.

　서울도 예외는 아닙니다. 서울에도 원도심이 있습니다. 서울에도 서

---

[5]　2019년 9월 26일 『일요서울』(http://www.ilyoseoul.co.kr)에서 이미지 캡처

울의 정체성을 재현하는 원도심이 있습니다. 현대식 건물과 큰 도로가 서울의 전부는 아닙니다. 알다시피 서울은 궁궐 도시입니다. 경복궁, 창덕궁, 창경궁, 경희궁, 경운궁 등이 서울의 대표 궁궐입니다. 궁궐 사이사이에 마을이 있습니다. 그 마을 중 하나가 경복궁 서쪽의 한옥마을 서촌입니다.

조선은 유교국가입니다. 직전 왕조 고려는 불교국가이지요. 나라의 체제가 이렇게 다릅니다. 그러면 나라의 수도도 다를 수밖에 없습니다. 수도의 성격이 달라집니다. 태조 이성계와 정도전은 주례의 원칙에 따라 한양을 설계하고자 했습니다. 조선의 수도 한양은 종묘와 사직의 배치가 중요합니다. 임금이 앉은 자리 왼쪽에 종묘가 오른쪽에 사직이 배치됩니다. 궁궐 전면 좌우에 관청이 들어섭니다. 이처럼 한양은 유교 논리에 따라 설계된 계획도시입니다.

한양의 출발이 계획도시였지만 궁궐 사이사이에 사람 냄새 나는 마을이 만들어집니다. 그 대표적인 예가 서촌입니다. 서촌은 공식적 명칭은 아닙니다. 말하자면 별명입니다. 경복궁 서쪽에서 인왕산에 이르는 지역을 서촌으로 부릅니다. 서촌에 통의동, 창성동, 효자동, 궁정동, 체부동, 통인동, 신교동, 누상동, 누하동, 옥인동이 있습니다. 서촌은 북촌, 남촌과 달리 상대적으로 덜 알려진 마을입니다. 그런 까닭에 오래된 건물과 골목이 사라지지 않았습니다. 지금은 사정이 그렇지는 않습니다. 서촌이 사람들에게 알려지면서 카페, 레스토랑, 와인바가 이곳에 들어섭니다.

서촌은 중인 마을입니다. 사대부 마을 북촌과 외형이 다릅니다. 조선시대 중인문화의 산실이 서촌입니다. 서촌을 여러 차례 답사했습니다. 서울 지하철 3호선 경북궁역에서 서촌 답사를 시작했습니다. 인왕산으로 향하며 서촌의 작은 한옥과 골목을 두루 살피는 답사입니다. 서촌 일대의 한옥이 전통 한옥 같지는 않았습니다. 근대한옥에 가까웠습니다. 이 근대한옥들이 서촌의 독특한 장소성을 연출했습니다.

서촌은 서울 지역문화의 보물 창고입니다. 이 보물 창고를 일군 이들이 조선 시대 중인들입니다. 조선 시대 중인들은 양반과는 그 체질이 달랐습니다. 이들은 양반들이 하대한 의학, 천문학, 지리학 분야에서 재능을 보였습니다. 문학 분야에서도 그랬습니다. 이들이 활약한 장소가 서촌 일대입니다. 서촌 중에서도 옥인동은 중인들의 활동이 활발히 벌어진 장소입니다.

지역의 근대가 지역문화를 새롭게 일구는 문화자산으로 조명받고 있습니다. 지역의 근대에서 지역문화의 진화를 모색하는 시도가 끊이지 않기를 바라는 마음입니다. 이 시도가 쉬운 일은 아닙니다. 더구나 이 시도의 결과를 성공과 실패 둘 중 하나로 예단할 수도 없습니다. 지역의 근대에서 지역문화의 미래를 발견하려는 여러 활동가의 시도를 지지합니다.

제6장 한국인의 신명

1. 한국 예술혼의 기원

　세상에서 가장 즐거운 일, 그건 바로 노는 일입니다. 놀 때는 신나게 놀아야 합니다. 신나게 놀지 못하면 몸과 마음이 병듭니다. 신나게 놀지 못하면 마음이 개운하지 않습니다. 마음이 탁 트이지 않습니다. 마음만 개운하지 않은 게 아닙니다. 몸도 개운하지 않습니다. 놀아도 논 것 같지 않습니다. 신나게 놀지 않아서 탈이 생긴 겁니다. 놀 때는 신나게 놀아야 마음도 몸도 개운한 법입니다.

　신나게 논다는 말은 내 몸에 신명이 오를 정도로 논다는 겁니다. 다른 생각을 하지 않고 오로지 놀이에 집중한다는 겁니다. 논다는 말은 나쁜 말이 아닙니다. 삶을 기쁘게 갱신하기. 이게 신나게 노는 목적입니다. 그런데 이 말이 오해받고 있습니다. 어른들은 종종 아이들에게 이렇게 말합니다. 놀지 마! 그만 놀아! 이렇게요. 노는 건 게으르고 나쁜 거라는 논리입니다.

사람들은 누구나 더 나은 일상을 기대합니다. 더 나은 일상은 반복되는 일상과 다릅니다. 반복되는 일상은 자기 고유의 리듬이 없는 일상입니다. 더 나은 일상은 자기 고유의 리듬으로 살아가는 기쁜 일상입니다. 더 나은 일상은 자기를 자유롭게 하는 일상입니다. 자유, 기가 막히게 좋은 말입니다. 자신을 구속하지 않고 놓아두는 게 자유입니다. 자신을 자유롭게 할 때 바로 그 지점에서 문화가 창조됩니다. 『세계일보』에 실린 칼럼 「김열규의 예맥」 한 대목입니다. 길이가 깁니다. 그래도 인용하겠습니다.

> 한국의 예술혼을 짚으면서 그 역사를 그리고 예맥을 거슬러서 올라갈 때, 앞에서 하였듯이 당연히 삼국시대를 거쳐서 고조선과 부여와 삼한시대에까지 다다르게 된다. 멀고 먼, 길고 긴 그 역사의 흐름은 근 2000년에 걸치게 된다. 그럴 경우 부여의 영고, 예의 무천, 고구려의 동맹, 한의 소도 등이 크게 부각되어야 한다. 이들은 모두 집단적인 제전이고 놀이다. 사람들은 춤과 노래로 신에게 제사 드리면서 축제마냥 흥청대기도 했던 것으로 짐작된다. 그것들은 농사의 풍요한 가을걷이와 때를 맞춘 것으로 짐작되기도 한다. 이를테면 추수감사절로서 하늘에 바쳐진 제의(祭儀)라고 그 성격이 규정될 만도 했던 것이다. 이들은 춤과 노래로 흥청대는 놀이이자, 고사며 굿이었다고 짐작된다. 종교적인 의식(儀式)과 아우러져서 노래 따라서 춤이 춰진 것이라고 보인다. 우리 상고대의 대표적인 종합예술이자, 예맥의 시작이라고 해도 무방할 것 같다.
> 한국인의 예술의 전통이며 역사, 곧 예맥을 소급해서 문제 삼을

때, 이렇듯이 영고며 무천 그리고 소도에 다다라야 한다. 이럴 때, 예술의 핵에 잠긴 포에지며 뮤즈, 곧 예술혼과 맞맺어진 물음이 제기될 수 있다.

한국인의 예술혼은 한국인의 신이며 신명을 통해서 살펴질 수 있다. 그것은 역사상 영고, 무천 그리고 소도에서 비로소 피어진 것이지만 신바람도 다를 바 없다. 그것은 곧 한국인의 종교 의식(意識)과 맞물린 예술혼의 발로이기도 하다는 것이 지적될 수 있을 것이다. 물론 예맥 또한 이에서 비롯할 것이다.

'신'이란 말은 사전적인 뜻매김이며 그 쓰임새는 만만치 않다. 흔하게 자주 쓰이고 있는 말, '신이 난다'에서 신은 순수한 한국말로서 마음의 상태를 지적하는 것으로 재미나 흥과 그 뜻이 맞통해 있다. 기분 좋게 들떠 있는 마음이 곧 신이다. '신나게 춤춘다' 같은 자주 쓰이는 말이 보기로 제시될 수 있을 것이다. 이런 신은 '신바람'이나 '신명'의 신과도 같은 뜻의 말이 된다.

영고며 무천 또는 동맹이라는 이름의 집단적인 종합예술에서 상고대의 한국인들은 바로 천지신명의 신을 섬기고는 '신바람'의 신을 경험한 것인데, 이에서 유추될 신·신바람·신명은 바로 앞에서 열거되어 있는 여러가지 이름의 종합예술에 깃들인 예술혼이라고 일컬어져도 좋을 것이다. 이에서 춤과 노래로 이룩된, 종합예술의 예술혼으로 신이며 신명 또는 신바람이 작용하고 있었다고 말할 수 있게 된다.

이처럼 영고며 무천 그리고 동맹이 문제되는 중에도 문헌에 남겨진 기록으로는 '위지동이전'에서 한(韓)의 별읍(別邑)이라고 지적된 소도가 두드러져 보이고 있다. 성역(聖域) 또는 성지로 지정된 소도에서는 긴 장대에 방울과 북을 매달고는 귀신 섬김을 하였다고 되어 있는데, 이로 보아서 소도는 후세에 마을마다 기리 전해진, 서낭당의 원시적 원형이라고 간주하여도 좋기 때문이다.

영고와 무천 그리고 동맹, 이들은 상고대 사회의 굿판이자, 놀이판이라서 '굿 놀이판'이라고 규정되어도 좋을 것인데 그 구체적인 모습의 일부가 소도에서 확인되는 셈이다. 이들은 사람들이 한 덩치로 서로 아우러지면서, 하늘의 신과 인간 사이에서 마음이 오고 가기를 빈, 종교 행사였다는 공통점을 지니고 있었던 것이다.

이렇듯이 영고와 무천, 동맹과 소도, 이들은 모두 오늘날에까지 지켜진 마을굿 또는 마을고사에게, 이를테면 마을 지킴이의 신령인 서낭신에 바쳐진 서낭굿에게, 견주어져도 좋을 집단적 종교행사였다. 그 중에서도 이미 말한 바와 같이 한의 소도가 부각되어 있다. 소도에서는 '소도굿'이 치러진 것이라고 보아서 마땅할 것 같다. 그래서 소도에 세워진 방울과 북이 매달린 장대를 따로 또 '소도 대'라고 한다면, 그것은 후세의 마을 굿에서 섬겨진 솟대에 비견되어도 괜찮을 것 같다. 그만큼 마한의 소도와 오늘날의 마을 서낭굿은 서로 일맥상통하고 있는 셈이다.

이렇게 해서, 하늘과 땅이 어우러지고 인간의 소망이 하늘에 통하게 되기를, 이를테면 천지가 합일하기를 비는 종교적인 의례이자, 놀이가 영고이자, 무천이고 또 한의 소도굿임이 확인된다면, 이들이 오늘날의 마을 서낭굿의 원형임을 추정해도 좋을 것이다.

이 경우, 소도굿이나 서낭굿이 종교적인 의례이면서도 놀이판을 겸하고 있다는 것이 강조되어서 마땅할 것 같다. 이를테면 그것들은 굿판이자 놀이판이었던 것이다. 그것은 일러서 '굿 놀이판'이라고 다 잡아 말하여도 괜찮을 것이라고 생각된다.

그나마 춤과 노래가 한데 어우러진, 종합예술이라고 일러도 크게는 과장되지는 않을 것 같다. 이로써 한국인의 신바람은 절정에 달한 것이다. 한국인의 '포에지' 아니면 '뮤즈'라고 해도 좋을 예술혼이 이에서 지적될 수도 있을 것이다.

하늘과 땅이 맞통하고 하늘의 신과 인간이 서로 소통한다는 믿음이 예술혼이 되어서 사람들을 춤추게 하고 노래 부르게 한 것이다. 이래서 원시적인 한국인의 예술혼은 우주론적이면서 종교적인 것이기도 했다고 말해도 괜찮을 듯하다. 그 점은 한국인의 예맥의 원초로서 강조되어 마땅할 것이다.[1]

한국인의 예술혼이 어디서 기원하는가를 짚는 칼럼입니다. 영고, 무천, 동맹이라는 집단 제의가 거론되고 있습니다. 이 칼럼은 영고, 무천, 동맹이라는 집단 제의에서 신, 신바람, 신명을 유추합니다. 신바람의 '신'은 어떤 일에 흥미가 생겨 매우 좋아진 기분을 뜻합니다. 신바람은 신이 나서 우쭐하는 기운을 뜻합니다. 영고, 무천, 동맹은 신남을 경험하는 제의라는 겁니다.

이 제의는 춤과 노래로 이뤄집니다. 제의는 하늘과 소통하는 놀이입니다. 놀이는 놀이이되 거룩하면서도 신나는 놀이입니다. 한국인의 예술혼이 여기서 나온다는 겁니다. 한국인의 예술혼은 신나는 놀이 경험에서 나온다는 겁니다. 예술혼은 문화 형성의 혼입니다. 한국문화 형성

---

[1] 김열규는 우리나라를 대표하는 민속학자이다. 김열규는 2013년 『세계일보』에 「김열규의 예맥」을 연재하다가 그해 10월에 작고한다. 인용된 칼럼은 2013년 9월 9일 『세계일보』에 게재

의 동력이 신나는 놀이, 신명이라고 말할 수 있습니다.

[그림 4] 고구려 무용총 무용도의 일부 장면[2]

놀이는 선과 악의 경계 저 너머에 있습니다. 놀이는 도덕과 윤리의 경계 저 너머에 있습니다. 좁게 말해 놀이는 이 경계를 가르는 유희적 활동입니다. 넓게 말해 놀이는 이 경계를 부수고 문화를 탄생시키는 창조적 활동입니다. 한국의 어른들은 왜 아이들에게 놀지 말라고 할까요? 놀이가 당장의 성과로 확인되지 않아서입니다. 성적을 성과로 여기는 어른들은 아이들에게 놀지 말라고 요구합니다.

놀아야 합니다. 잘 놀아야 합니다. 신나게 놀아야 합니다. 자기 리듬이 없는 일상의 반복은 일상의 위기로 이어집니다. 이럴 때 사람들은 놀고 싶어 합니다. 여기서 논다는 말은 자신을 자유롭게 한다는 말이기도 합니다. 여기서 논다는 말은 자기를 문화의 주인공으로 형성해 간다는 겁니다. 문화의 주인공이 된다는 건 무언가를 만들어 내고 생성한다는 겁니다. 달리 말하자면 문화의 주인공이 된다는 것은 활력 있게 산다는 겁니다.

한국인은 예로부터 신명의 에너지로 문화를 누린 문화의 주인공들입니다. 신명의 에너지로 문화를 창조한 이들이 한국인들입니다. 한국인은 본래 신나게 놀 줄 아는 민족입니다. 상고대부터 그랬습니다. 한국의 굿이 그 예입니다. 한국의 굿은 유래를 정확히 알 수 없을 정도로 그 기원이 오래되었습니다. 굿은 그 자체로 한국인들의 놀이입니다. 놀이는

---

[2] 2008년 4월 15일 『문화일보』(http://www.munhwa.com)에서 이미지 캡처

놀이이되 신성하면서도 파격적인 놀이가 굿입니다. 굿은 사람과 사람, 사회 규범과 사람 사이에 흐르는 갈등을 녹입니다. 그와 동시에 굿은 새로운 일상과 문화를 창조하는 에너지이기도 합니다. 한국인은 상고대부터 신나게 놀면서 문화를 만들어 왔습니다.

굿을 오해하지 않아야 합니다. 굿을 미신으로 여기지 않아야 합니다. 상고대의 영고, 무천, 동맹이 사실은 굿입니다. 한국인의 놀이판이 굿입니다. 굿은 미신이 아니라 한국인의 문화입니다. 대충 노는 게 아니라 한바탕 노는 게 굿입니다. 그리하여 개별적 존재만이 아니라 마을 공동체 전부를 살리는 게 굿입니다. 놀이는 어떤 정형화된 게임 그런 게 아닙니다. 그런 게임과 놀이는 질적으로 다릅니다. 정형화된 게임은 문화 창조와는 거리가 멉니다. 진짜 놀이는 문화 창조에 가깝습니다.

한이나 불만의 감정이 가슴 속에 쌓이면 응어리가 됩니다. 이 응어리는 풀어야 합니다. 응어리를 풀지 않지 않으면 사람이 시들시들해집니다. 사람만 그런 게 아닙니다. 사회도 그렇습니다. 사회 규범이 지나치면 사회 구석구석에 응어리가 맺힙니다. 사람의 응어리, 사회의 응어리, 문화의 응어리를 방치하지 않아야 합니다. 한국인들은 신명의 에너지로 이 응어리를 푼 현자들입니다.

2. 잘 노는 한국인들

잘 노는 한국인들이 별인 잔치판이 있습니다. 2018년 강원도 평창에서 개최된 제23회 평창 동계올림픽 개막식은 잔치판이었습니다. 한국인들은 이 잔치판에서 제대로 놀았습니다. 강원도 평창이 신나는 평창으로 전 세계에 생중계됐습니다.

 평창 동계올림픽 개막식에 도깨비들이 등장했습니다. 겨울잠을 자던 도깨비들을 평창 동계올림픽이 깨웠습니다. 도깨비로 등장한 이들은 한국의 젊은 춤꾼들입니다. 저스트절크(just jerk)라고 불리는 춤꾼들입니다. 이들이 도깨비 난장의 주인공들입니다.

[그림 5] 저스트절크의 평창 동계올림픽 개막식 장면[3]

[그림 6] 저스트절크 아메리칸 갓 탤런트 출연 장면[4]

 한국 도깨비는 그저 무서운 존재가 아닙니다. 한국 도깨비는 장난꾸러기입니다. 심술궂은 장난을 좋아합니다. 장을 다녀오는 사람에게 씨름을 청하기도 합니다. 도깨비는 지면서도 계속 씨름을 하자고 우깁니다. 잔치가 벌어진 집에 나타나 훼방을 놓기도 합니다. 이 도깨비들이 평창 동계올림픽 개막식에서 신나게 춤을 췄습니다. 이들은 신나는 춤꾼들이었습니다. 이 도깨비들의 놀이가 평창의 겨울 추위를 녹였습니다. 이 도깨비들의 신명이 평창의 매서운 추위를 달랬습니다. 신명이 폭발

---

[3] 저스트절크 유튜브 채널(https://www.youtube.com/watch?v=7S-iseXWQ2c)에서 이미지 캡처

[4] 스로 유튜브 채널(https://www.youtube.com/watch?v=eUanhQ5iJe)에서 이미지 캡처

하는 한 판 난장이었습니다.

저스트절크의 의상이 눈에 확 들어왔습니다. 의상이 붉습니다. 마치 고대인의 의상 같습니다. 머리에는 검정 두건을 둘렀습니다. 두건에는 태극 문양을 넣었습니다. 얼굴은 분을 바르고 화장을 한 모습입니다. 이들의 춤이 어떤 장면에서는 태권도 같고 어떤 장면에서는 집단 군무 같습니다.

유튜브에 탑재된 저스트절크의 영상, 기가 막혔습니다. 아메리칸 갓 탤런트(America's Got Talent)에 출연한 영상입니다. 이들은 무대를 완전히 장악했습니다. 이들의 춤은 서양 관객에게는 신선한 충격입니다. 처음 보는 춤이어서 그렇습니다. 이들에게 춤은 놀이요 문화입니다. 이들은 서양 춤을 흉내 내는 게 아닙니다. 한국 춤으로 서양 무대에서 화끈하게 놉니다. 참 잘 노는 문화일꾼들입니다.

도대체 저스트절크는 어떻게 만들어졌을까요? 여기서 한국인의 신명 에너지를 말하고 싶습니다. 한국인은 예로부터 홀로 산 단독자가 아닙니다. 한국인들은 관계의 네트워크에서 살았습니다. 그 관계의 네트워크에 자연도 있었습니다. 한국인들은 하늘, 산, 나무, 바위를 고유한 생명으로 간주했습니다. 한국인들은 관계의 네트워크에서 더불어 공생하는 존재를 경배했습니다. 경배를 신나는 놀이로 표현한 겁니다.

농사일도 그렇습니다. 한국인들에게 농사는 그저 노동이 아닙니다. 한국인들의 농사에는 음악과 춤이 같이 했습니다. 오래된 마을마다 풍물 전통이 있는 이유입니다. 한국인들은 중요한 절기마다 하늘의 신, 땅의 신 앞에서 노래하고 춤을 췄습니다. 저스트절크 같은 놀라운 팀이 만들어진 배경이 있습니다.

[그림 7] 2014년 경주세계문화엑스포에서 공연하는 김덕수패 사물놀이팀[5]

잘 노는 한국인의 예를 또 들까요. 사물놀이패가 좋은 예입니다. 김덕수패 사물놀이를 본 일이 있습니다. 전율이 일었습니다. 심장이 쿵쿵 반응했습니다. 몸이 들썩였습니다. 사물놀이는 꽹과리, 북, 징, 장구로 이뤄져 있습니다. 농악에서 기원한 풍악입니다. 독특하기 이를 데 없는 연주가 바로 사물놀이입니다. 사물놀이의 사물은 마치 우주의 혼을 깨우는 개벽의 울림 같습니다.

우주만이 아닙니다. 사물놀이의 가락은 한국인 전부를 깨웁니다. 사물놀이는 정교한 악보로 연주하는 게 아닙니다. 연주자들의 흥으로 사물놀이의 가락이 만들어집니다. 서양음악처럼 일정한 법칙에 따른 화성학으로 연주하는 게 아니라는 겁니다. 사물놀이의 연주자들이 현장의 신명으로 사물을 연주합니다. 장단도 무척이나 다양합니다. 연주자의 몸도 흥에 겨워 흔들립니다.

사물놀이의 장단은 미리 정해진 장단이 아닙니다. 현장에서 즉흥적으로 변주되는 장단입니다. 꽹과리를 치는 이가 상쇠입니다. 상쇠의 역할이 중요합니다. 상쇠가 가락의 다양한 변주를 유도하기에 그렇습니다. 정형화된 변주가 아닙니다. 파격으로 하는 변주입니다. 그래서 상쇠가

---

[5] 경주세계문화엑스포 유튜브 채널(https://www.youtube.com/watch?v=sN_KF3vMglM)에서 이미지 캡쳐

사물놀이 판의 흥을 좌지우지하게 됩니다.

　사물놀이의 가락이 신명을 일으킵니다. 보통 신명이 아닙니다. 상쇠를 포함해 사물놀이의 연주자들이 가락에 몰입합니다. 연주자만 그렇지 않습니다. 관객들도 사물놀이에 몰입합니다. 연주자, 관객 모두 신명으로 즐거워집니다. 사물놀이의 신명은 혼자만의 감정이 아닙니다. 더불어 공유하는 감정입니다. 더불어 열리고 상승하는 감정을 연주자들과 관객들이 공유합니다. 이런 신명 때문에 오늘도 사물놀이가 연주되는 게 아닐까요? 엄청난 보람이고 기쁨일 겁니다. 이 신명 체험이 바로 사물놀이의 본질 같습니다.

　자 어떻습니까? 한국인들 참 잘 놀지요? 한국인들은 왜 이렇게 잘 놀까요? 이렇게 말할 수도 있습니다. 한국인들이 언제나 잘 노는 건 아니라고 말입니다. 아예 한국인을 한의 민족이라고도 말하기도 합니다. 수난의 역사를 겪은 한국인들이 많기에 이런 표현이 나올 수 있습니다. 김소월(1902~1934) 시인, 한국을 대표하는 시인입니다. 김소월 시인의 시에서 한의 정서를 발견하는 게 어렵지 않습니다.

　그런데 이게 더 중요합니다. 한과 신명은 통합니다. 한과 신명이 따로가 아닙니다. 한과 신명은 공존합니다. 한이 맺힘이라면 신명은 풀림입니다. 풀림이 풀림인 이유는 맺힘이 있어서입니다. 겨울이 맺힘이라면 봄은 풀림입니다. 겨울이 추울수록 따뜻한 봄이 오기 마련입니다. 한강이 얼어붙을 정도로 추운 겨울. 그렇지만 봄이 오면 한강은 녹습니다. 얼면 녹습니다. 이게 자연의 이치입니다.

　인간의 감정도 그렇습니다. 맺히면 풀리게 되어 있습니다. 풀렸다가 맺히기도 합니다. 영원히 맺히고 영원히 풀리는 건 없습니다. 그래서 한과 신명이 통하는 겁니다. 서로 다른 게 아닙니다. 그러니까 한국인은 신명이야! 한국인은 한이야! 다툴 일이 아닙니다. 한국인은 두 가지를 다 가지고 있습니다. 저는 신명을 더 좋아합니다. 맺힌 건 풀려야 제맛입니다. 신명이 문화 창조의 원동력이어서 그렇습니다.

강강술래를 아십니까? 강강술래는 한가위 달이 떠오르면 추는 춤입니다. 여름이 지나면 가을입니다. 가을 한가위에 달이 차오릅니다. 한가위 달 밑에서 아녀자들이 강강술래를 춥니다. 정월 대보름에도 강강술래를 췄다고 합니다. 강강술래의 절기가 꼭 정해진 건 아닙니다. 달 밝은 밤에 마을 아녀자들이 춘 춤이 강강술래입니다.

강강술래는 놀이입니다. 놀이는 놀이이되 혼자 하는 놀이가 아닙니다. 마을에서 나이 든 아녀자들이 함께한 놀이입니다. 강강술래는 처음부터 신명 나게 추는 게 아닙니다. 처음에는 신명이 보이지 않습니다. 처음에는 옆으로 걷는 자세로 원을 그립니다. 강강술래의 원은 정해진 원이 아닙니다. 강강술래의 원은 현장에서 즉흥적으로 바뀝니다. 분위기가 고조되면 가락이 빨라지고 신명이 폭발합니다. 한가위 달 밑에서 한국인들은 서로 허물없이 원을 그리며 풀었습니다. 신명으로 춤, 이게 바로 강강술래입니다.

그러다가 강강술래가 신명의 복판으로 향해 갑니다. 참여한 인원에 따라 원을 크게 그리기도 작게 그리기도 합니다. 밤하늘에 차오른 둥근 달처럼 아녀자들의 율동이 원이 되어 신명을 춥니다. '뛰어보세 뛰어나 보세' 아녀자들이 신명 나게 뜁니다.

강강술래를 논 일이 있습니다. 대학 신입생 시절, 1박 2일 일정의 신입생 오리엔테이션에 참여했습니다. 처음에는 서먹했습니다. 오리엔테이션 2일째 저녁. 오리엔테이션 일정이 마무리되었습니다. 신입생들을 행사장 마당에 모이게 했습니다. 이어서 시작된 강강술래. 서먹한 분위기가 사라졌습니다. 여기저기서 웃음소리가 들렸습니다. 마음의 벽이 지워졌습니다. 학과 동기가 오랜 친구처럼 편했습니다. 강강술래의 효과가 이렇게 컸습니다.

3. 신명의 한국문화

　한국인의 생명력은 끈질깁니다. 혹독한 수난에도 꺾이지 않는 민족입니다. 한국인들이 겪은 혹독한 수난이 식민지 통치입니다. 프랑스는 나치 독일의 4년 통치를 받습니다. 우리는 어떻습니까? 1910년부터 1945년까지 일제의 식민 통치를 받습니다. 사실은 1910년 이전 식민 통치를 받습니다. 일제 식민 통치, 지독한 통치였습니다. 우리 말과 글을 죽이는 통치였습니다. 한국인의 혼을 죽이는 통치였습니다.

　일제의 오랜 식민 통치에도 불구하고 한국어가 사라지지 않았습니다. 기적입니다. 더구나 오늘날 한국어의 인기가 여간 큰 게 아닙니다. 세계적인 밴드 BTS는 한국어로 노래를 부릅니다. BTS의 팬클럽인 전 세계 아미들도 한국어로 노래합니다. 믿기지 않는 현실입니다. 한국어의 생명력, 이렇게 놀랍습니다.

　한국어에는 한국인의 신명이 흐릅니다. 한국어를 사랑해야 할 이유가 바로 여기에 있습니다. 한국어만 중요하다는 말은 아닙니다. 영어, 중국어, 일본어처럼 한국어도 중요하다는 말입니다. 더구나 한국어는 민족의 수난을 이기고 건재합니다. 우리 민족의 저력, 놀랍습니다. 신명으로 견디고 이겨낸 겁니다.

　식민지 시인 이상화(1901~1943). 「빼앗긴 들에도 봄은 오는가」의 시인입니다. 이 시 같이 읽어 보기로 해요.

지금은 남의 땅 — 빼앗긴 들에도 봄은 오는가?

나는 온 몸에 햇살을 받고
푸른 하늘 푸른 들이 맞붙은 곳으로,
가르마 같은 논길을 따라 꿈 속을 가듯 걸어만 간다.

입술을 다문 하늘아, 들아,
내 맘에는 나 혼자 온 것 같지를 않구나!
네가 끌었느냐, 누가 부르더냐. 답답워라. 말을 해 다오.

바람은 내 귀에 속삭이며,
한 자국도 섰지 마라, 옷자락을 흔들고.
종다리는 울타리 너머 아씨같이 구름 뒤에서 반갑다 웃네.

고맙게 잘 자란 보리밭아,
간밤 자정이 넘어 내리던 고운 비로
너는 삼단 같은 머리를 감았구나. 내 머리조차 가뿐하다.

혼자라도 가쁘게나 가자.
마른 논을 안고 도는 착한 도랑이
젖먹이 달래는 노래를 하고, 제 혼자 어깨춤만 추고 가네.

나비, 제비야, 깝치지 마라.
맨드라미, 들마꽃에도 인사를 해야지.
아주까리기름 바른 이가 지심 매던 그 들이라 다 보고 싶다.

내 손에 호미를 쥐어 다오.
살진 젖가슴과 같은 부드러운 이 흙을
발목이 시도록 밟아도 보고, 좋은 땀조차 흘리고 싶다.
강가에 나온 아이와 같이,
짬도 모르고 끝도 없이 닫는 내 혼아,
무엇을 찾느냐, 어디로 가느냐, 웃어웁다, 답을 하려무나.

나는 온 몸에 풋내를 띠고,
푸른 웃음, 푸른 설움이 어우러진 사이로,
다리를 절며 하루를 걷는다. 아마도 봄 신령이 지폈나 보다.

그러나 지금은 ─ 들을 빼앗겨 봄조차 빼앗기겠네.
-이상화 「빼앗긴 들에도 봄은 오는가」[6]

이 시는 1926년 천도교 잡지 『개벽』에 발표되었습니다. 『개벽』은 1920년대 대표적 종합지였습니다. 식민 통치를 부정하는 민족 저항의 파고가 서울은 물론 대구, 부산 등 전국에서 일었습니다. 이러던 차에 이상화의 시 「빼앗긴 들에도 봄은 오는가」가 『개벽』에 실립니다. 일제 당국이 이

---

6 이상화, 「빼앗긴 들에도 봄은 오는가」, 『이상화 전집』, 미래사, 1991. pp.82~84.

시를 가만 놔두지 않습니다. 이상화가 그의 고향, 대구로 내려가게 됩니다. 더는 서울에 있기 어려웠습니다. 눈을 감고 이 시를 음미해 보십시오.

나는 온 몸에 햇살을 받고
푸른 하늘 푸른 들이 맞붙은 곳으로,
가르마 같은 논길을 따라 꿈 속을 가듯 걸어만 간다.

온몸에 햇살을 받은 이가 들판을 걷는다고 상상해 보십시오. 푸른 하늘 푸른 들이 맞붙은 저곳까지 말입니다. 오죽하면 꿈속을 가듯 걸어만 간다고 했을까요. 흥이 보입니다. 발이 가벼워 보입니다. 바람이 다가오고 종달이가 다가옵니다. 나라는 식민지이지만 흥까지 가둘 수 없습니다. 이상화 시인은 이런 들판을 종일 걷고 싶다고 노래합니다.

[그림 8] 대구근대골목에서 볼 수 있는 이상화 시인 벽화[7]

시인은 이렇게 노래합니다. 아마도 봄 신령이 지핀 거 같다고. 이 대목에서의 봄 신령이 바로 신명이지요. 봄 신령이 오른 몸으로 들판을 걷는다는 겁니다. 가르마 같은 논길이 남의 땅이 아니라는 겁니다. 우리 땅

---

7   대구근대골목에 벽화로 그려진 이상화 시인

이라는 겁니다. 이 시의 밑바닥에는 신명이 흐릅니다. 신명은 이렇게 수난을 견디고 이기게 합니다.

봄 신령, 그러니까 봄 신명은 푸는 신명입니다. 봄은 푸는 계절입니다. 추운 겨울의 자리에 들어선 계절이 봄입니다. 수난의 역사, 언젠가는 풀립니다. 수난의 역사가 풀리면 사람의 인정과 살림도 풀립니다. 서러운 맺힘이 봄이 되면 풀리는 겁니다.

한국문학도 그렇지만 한국문화를 생성하는 동력은 신명입니다. 이번의 예는 아리랑입니다. 아리랑은 한국인의 노래입니다. 한국인들은 괴로울 때, 기쁠 때 아리랑을 불렀습니다. 밀양에서는 밀양아리랑이 진도에서는 진도아리랑이 불렸습니다. 정선에서는 정선아리랑이 불렸습니다. 아리랑은 지역마다 가락과 가사가 다릅니다. 아리랑은 지역마다 변주되며 오늘에 이르고 있습니다.

신명 나는 아리랑이 있습니다. 밀양 아랑의 전설에서 유래되었다는 밀양아리랑입니다. 아랑의 전설은 슬픈 전설이지만 밀양아리랑은 흥겹습니다. 일단 가락이 경쾌합니다. 세마치장단 가락의 밀양아리랑은 다른 아리랑과 다릅니다. 밀양아리랑 가사는 이렇습니다.

날 좀 보소 날 좀 보소 날 좀 보소
동지섣달 꽃 본 듯이 날 좀 보소
아리아리랑 쓰리쓰리랑 아라리가 났네
아리랑 고개로 날 넘겨주소
정든 님이 오시는데 인사를 못해
행주치마 입에 물고 입만 방긋
아리아리랑 쓰리쓰리랑 아라리가 났네

아리랑 고개로 날 넘겨주소[8]

날 좀 보소의 '나'는 누구일까요? 과연 죽은 아랑일까요? 날 좀 보소의 '나'는 아랑일 수도 아닐 수도 있습니다. 밀양아리랑의 '나'는 이렇게 호소합니다. '동지섣달 꽃 본 듯 자기를 봐달라고' 말입니다. 엄청나게 적극적인 구애 표현입니다. 더불어 정든 님이 오더라도 인사를 못 했다는 아쉬움을 노래합니다. 나의 마음이 오락가락합니다.

밀양아리랑은 '나'의 마음을 신명으로 표현합니다. 밀양아리랑은 다른 아리랑보다 즐겁습니다. 유희성이 강한 아리랑입니다. 유희성이 강하다는 말은 밀양아리랑이 밀양의 지역성과 긴밀하게 연결되어 있다는 뜻입니다. 밀양은 영남루와 밀양강의 고장입니다. 밀양, 참으로 우아하고 단아하면서도 풍취가 넘치는 고장입니다. 신명 나는 밀양아리랑이 나올 만한 고장입니다.

밀양의 보물이자 한국인의 보물이 밀양 영남루입니다. 영남루에는 유명 문인은 물론 무명 묵객들의 흥취가 베여 있습니다. 영남루 바로 밑에 송림이 있습니다. 송림에 아랑각이 있습니다. 밀양의 민중들은 아랑각에서 비롯되었다는 밀양아리랑을 기분 좋게 불렀습니다. 가사도 다양합니다. 자기 마음을 투사한 가사를 즉흥적으로 만들어 부르는 이들도 있습니다.

밀양은 복 받은 땅입니다. 예로부터 곡창 지대입니다. 신라 시대에 축조된 저수지인 위양못이 밀양에 있는 이유입니다. 복 받은 땅의 주인공들은 인심이 후합니다. 인심이 후하면 노래도 후합니다. 밀양아리랑이

---

[8] 네이버 지식백과(https://terms.naver.com)에서 필자가 편집하여 인용

다른 지역의 아리랑보다 신명의 노래로 불리는 이유가 바로 여기에 있습니다.

　아리랑은 한국인들의 집단적 내면 리듬입니다. 한국인들의 마음에는 밀양아리랑의 신명 나는 가락이 잠재되어 있습니다. 한국인의 내면 리듬은 궁극적으로 신명을 지향합니다. 한국인은 자기 삶이 고생스러우면 신명을 더 지향합니다. 독립운동가 김산의 일대기를 서술한 님 웨일스(Nym Wales)의 책 제목이 『아리랑』입니다. 이역만리 중국에서 조국 독립에 헌신한 김산. 결국 일제 경찰에 붙들립니다. 그리고 조국으로 압송됩니다. 기차로 압송되던 김산은 아리랑을 홀로 부릅니다. 이렇게 한국인은 예로부터 자신의 지위, 사상을 가리지 않고 아리랑을 불렀습니다.

제7장 한국미의 가치와 역동성

1. 독창적인 한국미

　아름다움을 추구하는 것은 사람의 본능입니다. 아름다움을 느끼지 못하고 아름다움을 추구하지 않는다면 사람의 자격이 없다고 해도 크게 틀린 말은 아닙니다. 사람이라면 누구나 아름다움을 추구하고 아름다움을 느낍니다. 아름다움이라는 게 우리의 일상과 크게 괴리된 게 아닙니다. 우리는 야산에 홀로 핀 꽃에서 자연의 아름다움을 느낍니다. 우리는 소박한 사찰에서 종교의 아름다움을 느낍니다. 그리고 아가의 얼굴에서 순수한 아름다움을 느낍니다.

　문화적 차원에서도 아름다움을 논의할 수 있을까요? 답을 말하면 이렇습니다. 문화적 차원에서도 아름다움을 논의할 수 있습니다. 서구에서는 미학이라는 학문이 오래전부터 있었습니다. 미학이라는 학문은 미의 본성, 미의 조건을 탐구하는 학문 전반을 일컫습니다. 미학은 인문학의 분과 학문입니다. 한국문화는 미학의 연구대상일 수 있습니다. 미학의 방법론으로 한국문화의 한국미를 설명할 수 있습니다. 그런데 한국문화의 한국미는 미학으로 설명되지 않는 고유한 특징이 있습니다.

한국미는 말 그대로 한국의 미, 한국의 아름다움입니다. 약간 더 범주를 좁히면, 한국인이 느끼는 아름다움이고 한국문화의 아름다움입니다. 이렇게 보면 한국미는 한국 고유의 미일 수도 있고 한국만의 미일 수도 있습니다. 미가 절대적인 개념은 아닙니다. 그렇다면 우리는 이렇게 물어야 합니다. 한국만의 독창적인 미라는 게 있을까요? 이렇게 말입니다.

한국의 독창적인 미는 있습니다. 한국의 고유한 미가 분명히 있습니다. 여러분 조선문화를 사랑한 일본인 야나기 무네요시(1889~1961)를 아십니까? 야나기 무네요시는 일본의 저명한 민예 연구가입니다. 1924년 조선미술관을 만듭니다. 조선을 식민 통치의 대상으로 여긴 제국주의들과는 달랐습니다. 남들이 하찮게 여긴 민속 골동품에서 한국미의 아름다움을 발견합니다. 더구나 야나기 무네요시는 조선 민화를 극찬합니다. 현대 미학 이론으로 해석되지 않는 세계가 조선 민화라고 말합니다. 야나기 무네요시는 조선미를 비애미로 정의합니다.

[그림 1]
1924년 조선미술관을 설립한 야나기 무네요시[1]

해방 이후 야나기 무네요시의 비애미는 상당히 비판받습니다. 식민주의자의 논리로 비판받기도 합니다. 그런데 이 비판은 과해 보입니다. 야나기 무네요시는 한국미를 통틀어 비애미로 말한 게 아닙니다. 오히려 우리나라의 골동품이

---

1 2013년 4월 5일 『통일뉴스』(http://www.tongilnews.com)에서 이미지 캡처

나 자연과 건축에서 한국미를 발견한 그의 태도를 우리는 겸손히 배워야 합니다. 그렇다면 우리는 어떤 한국문화에서 독창적인 한국미를 발견할 수 있을까요?

독창적인 한국미가 발견되는 문화유산이 많습니다. 일일이 그 수를 헤아리기 어렵습니다. 저는 고구려 벽화를 예로 들고 싶습니다. 역사에 가정은 없다고 합니다. 그런데 이런 상상을 합니다. 만약에 신라가 아니라 고구려가 한반도를 통일했다면 한국문화의 성격은 달라졌을까 하고 말입니다. 고구려 벽화는 한국미가 비애미가 아니라 신명이라고 말해 주는 증거 같습니다.

[그림 2] 고구려 무용총 벽화 수렵도[2]

무용총 수렵도의 한 장면입니다. 무용총의 소재지는 중국 지린성 지안현 퉁거우입니다. 무용총 수렵도를 실제 볼 수 있다면 얼마나 감격스러울까요. 벽화에 등장하는 이들은 고구려 사내들입니다. 수렵하는 장면입니다. 말을 타고 달리며 사슴, 호랑이를 사냥하고 있습니다. 자세를 보세요. 등을 돌리고 화살을 쏘는 사내가 보입니다. 호연지기, 즉 넓고

---

[2] 2017년 11월 2일 『매일경제』(http://www.mk.co.kr)에서 이미지 캡처

큰 기운이 느껴집니다. 고구려인의 기상이 느껴집니다. 고구려 벽화에는 수렵 장면만 보이는 게 아닙니다.

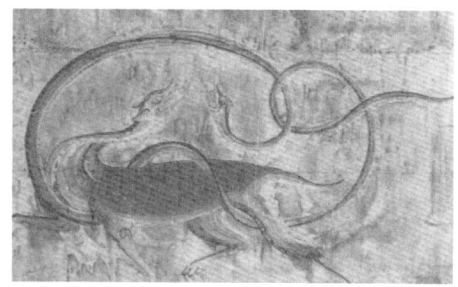

[그림 3] 고구려 강서대묘 벽화 현무도[3]

어떻습니까? 강서대묘의 현무도입니다. 강서대묘의 소재지는 평안남도 강서군입니다. 제 두 눈으로 보고 싶은 벽화입니다. 남북교류의 본질은 문화 교류입니다. 문화에는 남북의 접점이 있습니다. 북한에 소재한 고구려 벽화를 볼 날이 어서 오기를 바랍니다.

현무는 동서남북의 방위와 관계된 사신입니다. 물론 상상의 존재입니다. 잘 보십시오. 한 몸입니다. 암수 동체입니다. 머리는 용 같습니다. 몸은 거북 같습니다. 고대 고구려인들의 방위적 상상력이 흥미롭습니다. 동서남북 각 방위를 수호하는 상상의 존재를 믿고 있습니다. 현무는 방위적으로 북쪽을 수호하는 존재입니다. 겨울을 관장합니다.

현무의 기상이 어떻습니까? 흥이 보입니다. 마치 암수가 춤을 추는 모습입니다. 움직이는 모습입니다. 활동하는 모습입니다. 생명이 있는 모습입니다. 죽은 모습이 아닙니다. 약동하는 모습입니다. 고구려 벽화의

---

[3] 우리역사넷 홈페이지(http://contents.history.go.kr)에서 이미지 캡처

신명이 바로 한국미의 원류일 수 있습니다. 한국미의 원류, 여러 가지로 정의할 수 있습니다. 소박미, 비애미, 비균형 등등요. 다 좋습니다. 소박한 한국문화, 비애의 한국문화, 비균형의 한국문화 다 좋습니다.

저는 여러분들에게 신명을 한국미의 원류로 말하고 싶습니다. 『미술로 보는 한국의 미의식』(미술문화. 2018)이라는 책이 있습니다. 지은이는 최광진입니다. 책이 워낙 재미있습니다. 이 책을 구하자마자 처음부터 끝까지 읽었습니다.

책을 읽다 무릎을 친 대목이 있습니다. 백남준, 우리에게는 비디오 아트 예술가로 알려져 있습니다. 최광진은 백남준을 전혀 다르게 정의합니다. '비디오로 굿을 하는 국제적 전자 무당'으로 말입니다. 그가 창안한 비디오 아트가 음악과 미술, 동양과 서양, 가상과 현실, 작품과 관객, 삶과 예술의 경계를 무너뜨린다는 겁니다. 경계를 무너뜨리고 새로운 에너지를 일으키는 자가 무당입니다. 최광진의 정의가 옳다 싶습니다.

백남준은 부활한 샤먼이 틀림없습니다. 그는 한국의 무속을 사랑한 예술가입니다. 그는 한국 무속의 힘을 소통에서 찾습니다. 한국의 샤먼들이 하늘과 땅을 이어준 매개자라는 거지요. 그러니까 하늘과 땅은 대립 관계가 아니라는 겁니다. 참 예술은 대립과 경계를 해체하는 자리에서 나온다는 게 백남준의 생각입니다. 그래서 그는 일생을 거쳐 상식과 통념을 깹니다. 상식과 통념을 깨는 백남준의 모습은 전자샤먼으로 비유될 수 있습니다.

그러니까 신명은 고구려 벽화부터 백남준의 비디오 아트에 이르기까지 한국미의 원류처럼 흐르고 있습니다. 신명은 작가와 작품을 달리하며 진화할 겁니다. 사라지지 않을 겁니다. 더불어 한국문화도 신명나게 진화할 것입니다.

2. 한국미의 파격

신명의 한국미는 정교하게 계산된 미가 아닙니다. 한국미는 정교하게 계산된 미와는 거리가 있습니다. 정교하게 계산되지 않은 어떤 여유가 한국미에 가깝습니다. 사물놀이의 상쇠는 정교하게 계산하며 움직이지 않습니다. 사물놀이의 상쇠는 제각각입니다. 상쇠는 마치 신명의 에너지 같습니다. 그 에너지가 사물놀이를 즉흥적인 예술로 승화시킵니다.

한류는 최근 현상이 아닙니다. 한류의 유래는 오랩니다. 일본인들이 한국 도자기를 엄청나게 좋아합니다. 예로부터 알려진 이야기입니다. 우리나라는 도자기 선진국이었습니다. 일본인들은 백자, 청자가 아니라 우리의 막사발을 좋아했습니다. 우리보다 일본인들이 막사발을 사랑합니다. 막사발이 16세기부터 일본에 알려지게 됩니다. 도요토미 히데요시가 막사발 마니아입니다. 도요토미 히데요시는 조선 도공들을 죽이지 말고 일본으로 데려오라고 합니다.

일본인들이 왜 이렇게 한국의 막사발을 좋아했을까요? 일본문화는 대단히 정교한 문화입니다. 우리와 다릅니다. 일본 가옥만 해도 그렇습니다. 대칭적이고 균형적이지요. 일본 정원도 그렇습니다. 먼지 하나 없습니다. 한옥은 그렇지 않습니다. 자연을 닮은 한옥은 비대칭, 비균형을 보입니다, 막사발이 이렇습니다.

막사발은 일본 그릇과 다릅니다. 막사발은 조선 민중의 생활 그릇입니다. 조선 민중들은 막사발로 막걸리를 마십니다. 국도 먹습니다. 막사발은 고급 그릇이 아닙니다. 이 막사발이 일본에서는 이도다완으로 칭송받습니다.

일본 찻잔은 균형의 미를 자랑합니다. 조선 막사발은 자연스러움이 특징입니다. 자연의 미를 보이는 사발이었습니다. 막사발의 단면은 거칩니다. 우툴두툴하지요. 자유분방합니다. 또 투박하고 소박합니다. 그런데 이 점 때문에 일본인들이 조선의 막사발을 좋아합니다. 일본에는 없는 미입니다. 막사발이 자연 같다는 겁니다. 임진왜란은 도자기 전쟁입니다. 이때 많은 도공이 일본으로 끌려갑니다. 막사발도 이때 일본으로 대거 유입됩니다. 조선 막사발이 일본에 많은 이유입니다.

일본 교토에는 일본의 국보 이도다완이 있습니다. 이도다완은 16세기에 일본으로 건너갑니다. 우리의 생활 그릇이었습니다. 이 생활 그릇이 일본에서는 국보로 대접을 받는 겁니다. 막사발이 생활 그릇이다 보니 까다롭게 만들지 않습니다. 이런 막사발이 일본에서는 오히려 귀한 대접을 받은 겁니다. 일본인들은 막사발이 일본 그릇과 달라서 빠진 겁니다. 막사발이 정교했다면 인기를 얻기 어려웠겠지요.

[그림 4]
일본의 국보가 된
조선 막사발

막사발이 생활 그릇이라고 하여 대충 만들지는 않습니다. 막 만든 사발이 아닙니다. 파격과 자연을 익힌 조선 도공들의 작품이 막사발입니다. 상상해 보십시오. 농부들이 농사를 짓다가 막사발로 막걸리를 마셨겠지요. 밥을 먹었겠지요. 국을 먹었겠지요. 생활 속의 막사발, 자연 속의 막사발입니다. 막 만든 사발 같습니다. 그런데 그렇지 않습니다. 사발 하나하나에 숙련된 도공의 내공이 베여 있습니다.

저는 문경을 좋아합니다. 여주와 이천의 도자기는 관요입니다. 구중궁궐 왕족과 양반들이 쓸 도자기는 여주와 이천에서 주로 만들어집니

---

4   한국문화재단 홈페이지(http//chf.or.kr)에서 이미지 캡처

다. 문경은 서민들의 도자기 고장입니다. 그럴 만한 이유가 있습니다. 문경에 조령이 있습니다. 우리말로 새재입니다. 조령 남쪽 지역이 영남입니다. 문경, 교통의 관문입니다. 문경 주변에 도자기 원료인 사토가 풍부합니다. 땔감으로 적합한 질 좋은 소나무도 많습니다. 게다가 교통의 요지이니 문경 도자기가 이 고을 저 고을로 팔려나갈 수 있습니다.

지금 도자기 예술가들이 문경에서 가마에 불을 지피며 도자기를 굽고 있습니다. 문경의 저력입니다. 막사발마다 그 개성이 다릅니다. 모두 파격입니다. 정교하게 만들어진 게 아닙니다. 도공의 기술력, 가마 온도, 주변 환경에 따라 다른 막사발이 만들어집니다. 요즘 말로 하자면 핸드메이드 제품입니다.

놀랍지요? 조선 생활 그릇이 일본에서 귀한 대접을 받는다는 사실이요. 그만큼 문화의 성격이 한국과 일본이 다릅니다. 막사발만 그런 게 아닙니다. 한국의 문화유산 중에는 소박하지만 귀한 가치를 지니는 게 적지 않습니다. 또 다른 예가 신라 토우입니다.

경주, 매력이 큰 지역입니다. 경주에서 5년을 살았습니다. '신라 천년의 고도, 경주'라는 말의 의미를 배우는 5년이었습니다. 경주에는 한국 문화 유산들이 즐비합니다. 다보탑, 석가탑, 존경스럽습니다. 두 탑을 품은 불국사도 좋고 경주 남산도 대단합니다.

다보탑, 석가탑은 우리 전통 건축의 균형과 조화를 입증하는 사례로 많이 알려져 있습니다. 그런데 꼭 그렇게만 보이지는 않습니다. 두 탑의 모양새가 서로 다릅니다. 두 탑은 비례의 상징처럼 보이지만 외형은 다릅니다. 그래서 더 볼만 했습니다. 이렇게 우리 조상들은 균형과 비례 속에도 파격을 생각합니다.

그 파격이 확실히 나타나는 문화유산이 신라 토우입니다. 경주국립박물관을 꽤 여러 번 다녀왔습니다. 전시 유물들이 다 볼 만했습니다. 그중 제일 마음에 닿는 게 투박한 모양의 토우였습니다. 그야말로 파격적인 문화유산이었습니다. 하나같이 신라의 생활사를 엿볼 수 있는 토우들입니다. 토우들은 정교하게 제작된 게 아닙니다. 우스꽝스러운 얼굴과 복장의 토우가 많습니다. 농사하는 토우, 춤추는 토우, 사랑을 나누는 토우 등 토우는 신라의 얼굴이었습니다. 백제와 고구려에 토우가 있었다는 기록은 없습니다. 신라인의 파격적 상상력이 반영된 문화유산입니다.

[그림 5] 국보 제195호 토우 장식 장경호의 모습[5]

토우는 신라인들의 아이콘입니다. 설명하면 이렇습니다. 망자를 안내하는 토우. 신라인들은 사후 세계에서도 이승에서의 삶이 이어진다고 상상했습니다. 다산과 풍요의 토우. 신라인들은 이승의 삶이 풍요롭기를 바랐습니다. 토기에도 토우를 부착했습니다. 남성 여성의 성적 상징을 과장되게 표현한 토우도 많습니다. 파격적인 토우들이고 생동감이 넘치는 토우들입니다.

토우는 신라문화의 황금기로 알려진 5세기경에 주로 제작됩니다. 그

---

[5] 문화유산채널 유튜브 채널(https://www.youtube.com/watch?v=o9nsJaqW5Ug)에서 이미지 캡처

토우들을 국립경주박물관에서 만날 수 있었습니다. 신라인의 파격적 상상력이 다채롭게 표현된 문화유산이 토우입니다. 도자기에 부착된 토우, 신선한 발상입니다. 이런 예술 감각이라니. 신라인들은 혁신적 예술가입니다. 도자기와 토우. 비조화 속의 조화입니다. 신라인의 예술혼에 찬탄하게 됩니다.

이렇게 즉흥적이고 파격적인 한국미를 만들어 내는 주인공들에게는 신명의 에너지가 흐릅니다. 그 신명의 에너지는 경계를 허뭅니다. 문화는 경계 안에서만 만들어지는 게 아닌 까닭입니다. 그렇습니다. 한국인들에게는 신명의 에너지가 흐릅니다. 이 신명의 에너지가 더 드러나야 합니다. 그래야 한국문화가 더 새롭게 진화합니다. 그런 한국문화를 만나고 싶습니다.

3. 한국미의 역동성

파격의 상상력에서 익살과 해학이 탄생합니다. 격이 깨져야 익살과 해학이 탄생합니다. 반대로 익살과 해학은 파격을 더 넓힙니다. 한국미의 역동성 역시 파격이 만들어 내는 에너지입니다.

한국인들은 익살과 해학의 대가들입니다. 한국문화도 그렇습니다. 오늘날 한국인들의 얼굴은 좀 어둡습니다. 코로나19 사태가 계속되는 상황입니다. 즐거울 리 없습니다. 코로나19 사태, 영원하지 않을 겁니다. 한국인의 얼굴이 밝아질 그 날이 오리라 굳게 믿습니다.

해마다 3월이면 대학에는 새내기들이 입학합니다. 얼마나 고생하고 입학한 대학이겠습니까. 놀고 싶은 마음이 충분히 이해됩니다. 강의실에서 만난 새내기들의 얼굴은 얌전해 보입니다. 모두 얼굴이 얌전해 보입니다. 그런데 그게 아닙니다. 신입생 환영회에서의 새내기는 또 다릅니다. 술 잘 마시고 노래 잘 부르고 잘 놉니다. 역시나 새내기들도 잘 노는 한국인이었습니다. 여러분은 어떻습니까?

강화도 전등사 이야기를 해보겠습니다. 강화도 전등사를 답사한 일이 있었습니다. 강화도, 역시나 한국문화의 보고입니다. 강화도에는 우리나라의 대표적인 사찰이 있습니다. 전등사입니다. 전등사는 한국인의 익살과 해학이 만개한 현장입니다. 아주 놀랐습니다. 대웅전의 익살과 해학 때문에 놀랐습니다. 전등사 대웅전 처마에는 나녀상(裸女像)이 있습니다. 아니 산사에 나녀상이라니요.

전해지는 전설은 이렇습니다. 이 대웅전을 지은 책임자, 즉 도편수라고 하지요. 도편수의 애인이 바람을 피웠다는 겁니다. 그래서 도편수가 대웅전 처마 네 곳에 나녀상을 만든 거라고 합니다. 전등사 대웅전은 나녀상 처마가 바치는 겁니다. 전등사 대웅전 부처님보다 이 나녀상이 더 눈에 들어왔습니다. 역시 한국인들은 익살과 해학의 대가입니다.

[그림 6] 전등사 대웅전 처마 나녀상[6]

---

[6] 문화유산채널 유튜브 채널(https://www.youtube.com/watch?v=hsCZbYNkugg)에서 이미지 캡처

그런데 나녀상의 모습이 각각 다릅니다. 어떤 나녀상은 한 손을 내리고 있습니다. 벌 받으면 팔이 아프지요. 다른 나녀상은 팔을 내리고 있습니다. 도편수의 마음에 여유가 보입니다. 한국인의 익살과 해학에는 여유가 있습니다. 익살과 해학은 문화 창조의 요소입니다. 한국의 대표적인 민속문화 탈놀이가 그렇습니다. 봉산탈춤을 본 일이 있습니다. 봉산탈춤에서 양반춤은 익살과 해학의 문화입니다. 여기서는 양반들의 권위가 확 깎입니다. 조선 사회는 양반 사회이지요. 못된 양반들 아마 갑질을 꽤 했겠지요. 이런 양반들이 양반춤에서는 그 권위가 역전됩니다.

봉산탈춤은 경쾌합니다. 활달하지요. 황해도 일대의 대표적인 탈춤입니다. 봉산탈춤은 총 7과장으로 구성되어 있습니다. 이 과장 중 하나가 양반춤입니다. 양반춤에는 양반 삼 형제가 등장합니다. 말뚝이가 삼 형제를 인도하여 등장하지요. 샌님, 서방님, 도련님이 등장합니다. 이때 말뚝이가 이럽니다. "쉬이 양반 나오신다! 양반이라고 하니까 노론 소론 호조 병조 옥당을 다 지내고 삼정승 육판서를 다 지낸 퇴로 재상으로 계신 양반인 줄 아지 마시오. 개잘량이라는 양자에 개다리 소반이라는 반자 쓰는 양반이 나오신단 말이오"라고 말입니다. 기막힌 익살과 해학입니다. 웃음이 저절로 나올 수밖에 없습니다.

익살과 해학의 한국미가 발견되는 문화유산이 더 있습니다. 민화입니다. 민화는 우리 조상들의 삶을 그린 그림입니다. 민화의 '민'은 백성 '민(民)'입니다. '화'는 그림 '화(畵)'입니다. 그러니까 민화는 백성의 그림입니다. 민화는 조선 시대에 시작된 게 아닙니다. 이전부터 그려진 그림입니다. 통일 신라 시대, 고려 시대, 조선 시대 모두 민화가 그려졌습니다. 쉽게 말하자면 한국의 전통 그림이 민화이지요. 민화의 소재는 다양합니다. 식물, 동물, 자연, 사람 등등이 모두 민화의 소재이지요.

문인화가 양반의 그림이라면 민화는 민중의 그림입니다. 그러니 우리에게 더 친숙하겠지요. 민화의 대표작 중 하나가 작호도입니다. 작호도의 주요 소재는 까치, 호랑이입니다. 그런데 우리 민화에서 그려지는 까치와 호랑이는 익살과 해학의 아이콘입니다. 호랑이가 바보로 그려집니다. 힘과 권력의 상징인 호랑이를 민화 작가들은 우습게 그립니다. 까치에게 쩔쩔매는 호랑이를 그리는 거지요. 호랑이가 양반일 수도 있겠지요. 아마도 그림을 그리는 화공이나 그림을 보는 백성들은 이 민화를 보며 즐거웠을 겁니다.

이렇게 민화에는 민중의 소망이 보입니다. 주술적 분위기도 보입니다. 그런데 민화는 이

[그림 7] 작호도[7,8]

이상의 가치가 있습니다. 그림의 격을 깨는 작품들이 많아서 그렇습니다. 자유분방한 상상력이 보입니다. 익살과 해학은 기본입니다. 제가 민화와 관련하여 재미있게 읽은 책이 있습니다. 정병모의 『민화는 민화』입니다. 동어 반복으로 보이지만 한자가 다릅니다. 앞의 민화는 民畵이고 뒤의 민화는 民話입니다. 그러니까 우리 민화는 백성들의 이야기라는 말입니다. 이 책의 저자 정병모는 이렇게 말합니다.

민화는 민화다! 앞의 화자는 그림 화자이고 뒤의 화자는 이야기

---

7 Korea in US 홈페이지(http://koreainus.com)에서 이미지 캡처
8 한국민족문화대백과사전 홈페이지(http://encykorea.aks.ac.kr) 이미지 캡처

화자이다. 언뜻 성철스님의 '산은 산이요 물은 물이요'라는 법어가 연상되지만, 여기서는 종교적 화두를 꺼내려는 것은 아니다. 그림 속에 담긴 이야기를 풀어보려는 것이다. 스토리텔링은 인간의 이야기다. 그것이 사물이든 자연이든 실제든 환상이든, 그것에는 사람들이 살아가는 이야기가 펼쳐져 있다.[9]

그렇다면 민화의 이야기가 무궁무진하다는 겁니다. 호랑이를 바보처럼 그렸다는 말은 그저 상상의 표현이 아니라는 겁니다. 그 그림에는 가렴주구에 시달렸을 민중들의 스토리가 있는 겁니다. 권력자들을 우습게 풍자하는 겁니다. 그리고 민화에는 서민과 민중들의 진솔한 이야기가 있는 겁니다.

한국의 민화는 그림으로 그린 한국인의 스토리텔링입니다. 이 시대를 살았던 이들의 이야기가 민화에 있다는 겁니다. 아주 탁견입니다. 민화의 가치를 설명하는 탁견입니다. 민화에는 우리 한국인의 익살과 해학의 이야기가 있다는 겁니다. 저는 여기서 또 하나의 한류인 웹툰의 진화를 생각합니다. 혹시 웹툰은 우리 시대의 민화 아닐까요. 웹툰이야말로 또 하나의 민화 아닐까요. 웹툰에는 한국인들의 스토리가 있습니다. 한국인들의 꿈과 우정, 환상과 상상이 있습니다.

---

9 정병모, 『민화는 민화다-이야기로 보는 우리 민화 세계』, 다할미디어, 2017, p.4.

제8장 한국인의 집

1. 장소로서의 집

좋아하는 소설이 있습니다. 박완서(1931~2011)의 『그 남자네 집』입니다.[1] 이 소설에서 집은 사랑과 상실의 이미지로 그려집니다. 박완서의 소설에서 집은 물리적 공간이 아닙니다. 박완서의 소설에서 집은 사랑과 상실의 장소로 이야기됩니다.

집은 장소입니다. 공간이 아닙니다. 공간은 물리적 개념입니다. 장소는 문화적 개념입니다. 학교는 어떨까요? 어떤 사람에게 학교는 공간일 수 있습니다. 건물 그 이상의 의미가 없다는 말입니다. 반면에 어떤 사람에게 학교는 장소일 수 있습니다. 학교에 각별한 추억이 있다는 말입니다. 여러분들은 어떻습니까?

---

[1] 대표작으로 『나목』, 『그 많던 싱아는 누가 다 먹었을까』 등이 있다.

『그 남자네 집』은 이렇습니다. 소설 주인공이 후배의 집을 구경 갑니다. 그러다 예전에 살던 집 근처를 지나가게 됩니다. 그 남자의 집도 발견합니다. 그 남자, 50년 전 첫사랑의 남자입니다. 이 소설에서의 50년 전은 지금으로부터의 50년 전이 아닙니다. 소설에서의 50년 전은 한국전쟁 때문에 폐허로 변해버린 서울입니다. 1950년대의 서울과 지금의 서울은 상전벽해입니다. 달라도 보통 달라진 게 아닙니다.

[그림 1] 서울의 어느 골목과 집[2]

지금 서울은 고층빌딩이 즐비합니다. 서울, 국제적 대도시이자 세계적 대도시입니다. 1950년대의 서울과는 비교되지 않습니다. 왜 박완서는 그 남자네 집을 이야기할까요? 오늘의 집을 이야기하지 않고 말입니다. 박완서가 이야기하는 집은 고층 빌딩이나 아파트가 아닙니다. 재산 가치의 집을 이야기하는 게 아닙니다. 『그 남자네의 집』에서의 집은 추억과 인간미가 녹아든 집입니다.

『그 많던 싱아는 누가 다 먹었을까』. 박완서의 자전적 소설입니다. 작가의 유년기부터 대학생 때까지를 이야기한 소설입니다. 이 소설에 개

---

[2] 2008년 1월 9일 『한겨레신문』(http://www.hani.co.kr)에서 이미지 캡처

풍 외가 박적골 이야기가 나옵니다. 박적골은 마치 유토피아 같습니다. 소설이 회고하는 박적골은 아름답습니다. 회고 속의 박적골은 사람의 인심도 후하고 자연도 정겨운 고향이지요.

반면에 일곱 살 때 엄마를 따라 나오게 된 서울, 더 정확히 말하자면 현저동 집입니다. 현저동 집은 그렇지 않습니다. 현저동 집은 각박해 보입니다. 아니 현저동으로 대변되는 서울살이가 각박해 보입니다. 현저동에서는 경쟁이 치열합니다. 현저동 집과 박적골 외가는 그 이미지가 질적으로 다릅니다. 이 소설에서 박완서는 박적골 외가를 장소애의 감각으로 그립니다. 이렇게 박완서의 소설에서 집은 장소로 이야기됩니다. 박완서 소설에서의 집은 땅이 있는 집이고 인심이 보이는 집이고 사람의 추억이 있는 집입니다.

박완서의 소설은 우리에게 집의 장소적 의미를 환기합니다. 박완서가 그의 소설에서 묘사하는 집들은 하나같이 장소애, 즉 토포필리아(topophilia)로서의 집입니다. 집과 그 집에서 사는 사람들과 분리된 게 아니라는 겁니다. 인간의 정신과 함께하는 집. 그 집이 바로 장소애의 감각으로 그려지는 집입니다. 박완서의 소설에서 집은 그저 건물이 아닙니다.

2. 한옥의 본질

제8장을 박완서의 소설로 시작했습니다. 집이란 말, 참 정겹습니다. 사랑하는 한국어이지요. 주택은 그렇지 않습니다. 안정감이 들지 않습니다. 주택은 물리적 의미처럼 이해됩니다. 익명의 공간 같아요. 그런데 집은 부르는 순간, 일체감이 듭니다.

한국인의 집이 한옥입니다. 여러분들은 어떤 집에서 태어나서 자랐습니까? 지금은 어떤 집에서 살고 있습니까? 저는 근대한옥에서 자랐습니다. 전통한옥은 아닙니다. 고만고만한 근대한옥이 터를 닦은 마을. 골목이 많았습니다. 골목에서 신나게 놀았습니다. 아이들에게는 골목이 우주입니다. 축구, 술래잡기 못 할 게 없었습니다.

근대한옥의 내부 모양은 거의 유사합니다. 작은 마당이 있습니다. 부엌과 방은 분리되어 있습니다. 화장실은 마당 구석에 설치되어 있습니다. 옥상은 없습니다. 단층입니다.

국민학교 5학년 무렵에 아파트로 이사를 했습니다. 그 이후로 내내 아파트 생활이 이어집니다. 그때는 아파트가 대세는 아니었습니다. 아파트보다는 근대한옥이나 양옥이 더 많았습니다. 지금은 완전 역전입니다. 대한민국, 아파트 공화국입니다. 그런데 아파트도 진화합니다. 언제인지 초고층 주상 복합아파트가 전국 도시에 들어서고 있습니다. 서울만 그런 게 아닙니다. 부산, 인천, 대구 등에 아파트의 전성시대가 열립니다. 사정이 이렇다 보니 한국인의 집을 이야기하는 게 쉽지 않습니다. 그렇더라도 이야기해 보기로 하지요.

아파트가 한국인의 집처럼 이야기되는 시대이지만 한국인의 집을 지키려는 노력은 끊이지 않습니다. 가상한 노력입니다. 이런 노력이 계속 이어지기를 바랍니다. 서양에서는 일찍부터 집을 만들거나 건물을 만드는 학문이 탄생하고 발전해 왔습니다. 건축 이론도 상당히 오래전부터 발전했습니다. 서양은 분과 학문의 전통이 강합니다. 서양에서는 건축, 수학, 인문학, 천문학 등등 사람들의 앎을 분과 학문으로 만들어 발전시켜 왔습니다. 일반적으로 그렇다는 말입니다. 문학만 하더라도 그렇습니다.

아리스토텔레스의 『시학』이란 고대 그리스 드라마 이론서가 있습니다. 고대 그리스 드라마의 구성 요소를 분석한 문학 이론서입니다. 저는 『시학』을 시 이론서로 오해했습니다. 읽어 보니 놀랍게도 드라마 이론서였습니다. 그런데 이런 이론서가 동양에는 없습니다. 동양에서는 예술을 이론으로 설명하지 않습니다. 동양에서 예술은 체험의 영역입니다. 언어적으로 이론화되는 영역이 아니라는 겁니다. 한국문화는 더 그렇습니다. 예를 들어 막사발 제작 기술이 이론으로 전수되는 게 아닙니다. 막사발은 장인의 직관과 경험에서 만들어지는 겁니다. 이런 점에서 한국인의 집은 미학으로서의 집이 아닙니다. 생활의 집입니다. 예술 개념으로 한국인의 집이 만들어진 게 아닙니다.

지금도 잊히지 않는 장면이 있습니다. 저는 고향이 제주도입니다. 고향은 제주도이지만 제주문화를 모르는 서울 소년으로 성장했습니다. 어린 시절 이야기입니다. 방학에 할머니 댁에 갈 일이 있었습니다. 마당 화장실에서 기겁하고 말았습니다. 제 몸보다 더 큰 흑돼지가 있었습니다. 화장실이 불결해 보였습니다. 괜히 할머니한테 떼쓰며 울었습니다. 화장실 가기가 겁난 겁니다.

할머니의 집을 이해하는 데 시간이 걸렸습니다. 할머니의 집은 제주문화의 반영입니다. 지역마다 지역의 집이 있었습니다. 이 사실을 커서야 알게 된 겁니다. 그때 할머니가 이런 말을 종종 했습니다. '너무 멀리 가지 말고 올레선 놀라.' 이렇게요. 올레? 올레가 어딜까? 정말 궁금했습니다. 올레는 집과 밖을 이어 주는 골목입니다. 그러니까 할머니 말씀은 멀리 가지 말고 집과 가까운 골목서 놀라는 겁니다. 그때는 올레를 몰랐습니다. 장소 이름으로 알았습니다.

올레는 엄밀히 말해 집 내부는 아닙니다. 그렇지만 올레로 들어서는 순간 마음이 놓입니다. 집에 온 느낌이 들어서입니다. 이렇게 제주인의 집은 골목을 품는 집입니다. 집과 올레가 통합니다. 집이 올레를 멀리하지 않습니다. 올레가 집을 모른 척 하지 않습니다. 한옥이 이렇습니다. 한옥은 미학적 대상이 아닙니다. 한옥은 생활 공간입니다. 한옥은 주변 환경과 자연스럽게 존재하는 가옥입니다. 한옥은 주변 환경을 지워버리지 않습니다. 특히 한옥은 자연 친화적 가옥입니다. 자연에 유기적인 반응을 보이는 집이 한옥입니다.

매년 여름마다 덥습니다. 더구나 올해는 코로나19 때문에 더 더웠습니다. 한여름에도 마스크를 착용하려니 보통 더운 게 아닙니다. 마스크의 여름을 시원하게 날린 장소가 있습니다. 밀양 영남루입니다. 여름 영남루, 시원했습니다. 여름 영남루, 마음이 탁 트였습니다. 2020년 여름, 밀양 영남루를 다녀왔습니다. 마침 방문객이 없었습니다. 혼자 영남루에 올랐습니다. 밀양강이 내려 보였습니다. 밀양강에서 불어오는 바람이 특히 좋았습니다. 에어컨은 저리가라입니다. 영남루는 홀로 존재하지 않습니다. 주변의 송림과 밀양강과 더불어 존재합니다.

[그림 2] 2020년 9월 영남루 전경과 영남루에서 보이는 밀양강

안동 병산서원 만대루가 특히 그렇습니다. 만대루는 비례와 통일성 개념이 보이지 않습니다. 외양이 화려하지도 않습니다. 만대루의 기둥

은 휘어져 있습니다. 만대루가 인공 건축물로 보이지 않습니다.

그렇지만 병산서원 방문객들은 병산서원 만대루에 감동합니다. 병산서원 만대루는 병산, 낙동강과 더불어 존재합니다. 주변 자연과 더불어 존재하는 만대루입니다. 영남루, 만대루처럼 주변 자연과 더불어 존재하는 집이 한옥의 본질입니다. 자연을 지우는 집이 한옥이 아닙니다. 자연과 더불어 존재함으로써 사람을 살리는 집이 한옥의 본질입니다.

3. 근대의 한옥

코로나19, 여행마저 멈춰 버렸습니다. 사회적 거리 지키기가 코로나19 시대의 예절입니다. 그래서 비대면 여행이 주목받고 있습니다. 예전처럼 다중이 장소를 이동하며 여행하기는 어렵습니다. 나 홀로 아니면 소수가 한 장소를 정밀하게 답사하는 방식의 여행이 주목받고 있습니다. 한옥은 소수 답사가 적격입니다. 자연스럽게 교감해야 할 집이 한옥이어서 그렇습니다.

코로나19 이전, 국내외 관광객들이 북촌한옥마을을 자주 다녀왔습니다. 전주한옥마을도 그렇습니다. 경주 대릉원 인근 황리단길 한옥도 그렇습니다. 그래서일까요. 한옥 지구를 만들어 관광객을 유치하려는 지자체도 있습니다. 북촌한옥마을은 오버투어리즘의 사례로도 이야기됩니다. 넘쳐나는 관광객들 때문에 주민들이 고통받는다는 겁니다. 오버투어리즘이란 말이 나올 정도로 한옥 열풍이 불다 보니 한옥을 예찬하는 책과 강연도 덩달아 인기입니다.

한옥을 이렇게 칭찬합니다. 알아보면 과학적인 집이라는 겁니다. 대표적인 예가 온돌입니다. 한옥처럼 보온이 유리한 집도 없다고 합니다. 바람도 제법 잘 통한다고 하지요. 한옥이 이렇게 과학적인 집이어서 사람이 살 만하다는 겁니다. 그런데 정말 그럴까요? 한옥 자체가 사람이 살기에 적당한 집은 아닐 겁니다. 편의성을 따지면 아파트가 한 수 위입니다. 살아보니 그렇습니다.

저는 한옥은 아니지만 작은 주택을 고쳐서 살고 있습니다. 아파트가 대세인 우리나라에서 탈아파트는 쉬운 선택은 아닙니다. 막상 탈 아파트를 하니 불편한 점이 있습니다. 재활용 쓰레기를 처리하는 일, 택배를 받는 일, 주차, 방범 등등이 불편합니다. 하지만 만족합니다. 마당 텃밭 꾸미는 재미가 쏠쏠합니다. 아파트, 주택 나눌 일은 아닙니다. 아파트도 행복한 마음으로 살면 행복한 집이고 주택도 행복한 마음으로 살면 행복한 집입니다.

문제는 아파트냐 주택이냐가 아닙니다. 그 집을 대하는 사람의 태도가 더 중요합니다. 주택의 불편한 점을 감수하고 이 집을 행복한 집으로 만드는 정성이 필요한 겁니다. 우선 주택에 살게 되니 골목이 생겨 좋습니다. 골목을 오가며 이웃들을 종종 뵙게 됩니다. 반갑게 인사를 드리고 반갑게 인사를 받습니다. 마당에서 생산한 채소를 선물로 주고받아 좋습니다. 땅에 두 발을 딛고 살고 싶은 소망 때문에 주택살이를 하는 겁니다.

한옥도 그렇지 않을까요? 어떤 사람들에게는 한옥이 불편한 집일 수 있습니다. 그런 사람들에게 한옥은 과학적인 집 이렇게 말하는 게 어떤 의미가 있을까요? 한옥을 절대화할 이유는 없습니다. 중요한 건 한옥을 대하는 우리들의 태도이겠지요. 이 집에 어떻게 하면 정을 붙일 수 있을까 하는 태도 말입니다.

그래서 저는 한옥에서 하루 이틀 숙식해 보기를 권유합니다. 북촌 골목길을 오가며 한옥을 배경으로 사진을 찍기보다는 한옥에서 숙식해 보기를 권유하고 싶습니다. 2019년 안동 치암고택에서 일박한 일이 있습니다. 가을이 깊어 가는 10월에 하게 된 치암고택 일박입니다. 안동에는 오랜 한옥이 많습니다. 일박하니 한옥에 애정이 더 끌렸습니다. 너른 마당이 내려 보이는 치암고택 본채가 중후했습니다. 시간의 깊이가 보이는 집이었습니다.

이런 방법도 좋습니다. 대표적인 한옥을 꼼꼼하게 살펴보는 한옥 관찰도 좋습니다. 그러면 한옥의 장단점이 눈에 들어옵니다. 문화는 우리의 삶으로 체험되는 게 중요합니다. 한국인의 집으로 이야기되는 한옥도 그렇습니다. 강연으로 듣고 책으로 읽는 한옥도 중요하지만 체험하는 한옥이 더 중요합니다. 한옥에서 기분 좋게 잠을 자는 휴식의 시간을 꼭 가져 보시기를 바랍니다.

북촌에 소재한 근대한옥 중 백인제 가옥을 추천합니다. 정확히는 서울 가회동 백인제 가옥입니다. 백인제 가옥은 서울특별시 민속문화재 22호로 지정된 근대한옥입니다. 북촌이 한눈에 내려다보이는 높은 언덕에 이 가옥이 있습니다. 백인제 가옥의 유래가 재미있습니다. 이 가옥의 집주인은 총 세 사람입니다.

식민지 시대 한성은행 전무였던 한상룡이 집터 주변의 가옥 12채를 사들입니다. 1913년 907평 큰 대지에 이 가옥이 건립됩니다. 이 가옥의 재료는 압록강 흑송이라고 합니다. 공들인 가옥입니다. 한상룡은 이 가옥을 최선익에게 팝니다. 최선익은 조선일보 기자와 조선중앙일보 부사장을 역임한 인물입니다. 이어 이 가옥에 백인제 박사가 거주합니다.

백인제 박사는 경성의학전문학교 교수, 서울의대 교수를 역임합니다. 인제대 백병원의 모태를 만든 분입니다. 한국전쟁 중 납북됩니다. 이 가옥을 백인제 박사의 부인 최경진 여사가 지킵니다. 서울시가 이 가옥을 매입하게 됩니다. 보수 공사를 거쳐 2015년 11월 시민들에게 개관됩니다.

백인제 가옥은 전통한옥은 아닙니다. 근대한옥입니다. 그런데 평범한 근대한옥이 아닙니다. 일제강점기 최고 상류층의 근대한옥입니다. 정원이 돋보입니다. 정원을 마주하는 본채도 한옥이면서도 유리창이 전면에 노출되어 있었습니다. 전통한옥이라면 유리창이 있을 리 없습니다.

답사하다 백인제 박사 가족들의 영상 인터뷰를 볼 수 있었습니다. 이 한옥의 스토리를 알게 되었습니다. 백인제 가옥이 친근하게 다가왔습니다. 영상 인터뷰에 이런 내용이 있었습니다. 집에서 모임을 많이 했고 어머니가 손님을 많이 초대했다는, 그러니까 이 집은 서양식 파티도 가능한 집이라는 말입니다.

[그림 3] 백인제 가옥 사랑채 전경과 백인제 가옥 별채 전경

백인제 가옥은 행랑채, 문간채, 안채, 사랑채, 별채로 구성되어 있습니다. 이렇게만 보면 전통한옥 같습니다. 그런데 그렇지 않습니다. 2층 다다미방이 눈에 띕니다. 한옥에 다다미방이라니? 한옥이면서도 다다미방을 품고 있습니다. 사랑채와 안채는 한 동으로 연결되어 있습니다. 이 또한 전통한옥의 모습은 아닙니다. 서양식 주택의 모습입니다. 이렇게

보자면 백인제 가옥은 한옥이면서도 일본식과 서양식 주택의 특징을 반영하는 사례입니다.

본래 전통한옥에서는 안채와 사랑채가 분리되어 있습니다. 백인제 가옥에서는 그렇지 않습니다. 안채와 사랑채가 연결되어 있습니다. 백인제 가옥에는 별당이 있습니다. 그런데 별당에 유리창 시설이 있습니다. 별당에서 북촌을 내다볼 수 있는 겁니다. 아파트의 발코니 같은 별당입니다. 백인제 가옥에 조선 총독은 물론 미국의 석유왕 록펠러까지 방문했다고 합니다.

서울시의 근대한옥 복원 정책을 지지합니다. 서울시만이 아닙니다. 각 지자체의 한옥 복원 정책을 지지합니다. 복원만이 아니라 한옥 살리기 정책도 지지합니다. 한국인의 집은 계속 복원되고 살려져야 합니다. 전주의 문화적 정체성, 전주한옥마을에서 발견됩니다. 전주한옥마을, 상업적이라는 비판을 종종 받습니다. 그렇더라도 전주에 한옥마을이 있기에 전주다운 겁니다. 경주도 그렇습니다. 경주 대릉원 일대에 한옥 지구가 자연스럽게 형성되고 있습니다. 경주가 더 알차 보입니다.

[그림 4] 혜화동 주민센터 전경[3]

한옥 답사를 하던 중 무릎을 친 일이 있습니다. 근대한옥들이 공공한

---

[3] TBS 유튜브 채널(https://www.youtube.com/watch?v=3bbW_4kfm_8)에서 이미지 캡처

옥으로 재탄생되는 사례가 있어서입니다. 혜화동에 한옥주민센터가 있습니다. 근대한옥의 놀라운 변화였습니다. 한옥주민센터라니 상상력이 놀라웠습니다. 이 한옥은 신축이 아닙니다. 본래 이 가옥은 미국 유학을 마치고 의사로 활약한 신여성 한소제 여사의 근대한옥입니다. 혜화동에 터를 잡고 한옥을 지은 거지요. 한소제 여사가 미국으로 이민 가면서 이 가옥은 어느 개인에게 이전이 되었습니다. 마침 종로구청에서 이 한옥을 매입합니다. 그리고 한옥주민센터로 재탄생된 겁니다. 참 편안한 주민센터입니다.

근대한옥들이 이렇게 시민에게 개방되거나 공공재로 활용되는 사례가 앞으로 더 나오면 좋겠습니다. 한옥이 살림집으로 그칠 이유는 없습니다. 한옥의 용도는 살림집과 가게에서 더 넓혀질 수 있습니다. 우리 근대한옥의 재탄생을 기대합니다.

4. 한옥의 진화

한옥의 의미를 좁히면 이렇습니다. 전통적인 기와집이 한옥입니다. 큰 뜻으로는 한국인들의 집을 통틀어 한옥이라고 합니다. 한옥의 역사는 조선 시대 이전으로 소급됩니다. 삼국시대, 고려시대 한국인들은 과연 어떤 집에서 살았을까요? 참으로 궁금해집니다. 한옥은 단지 조선시대의 집으로 그치지는 않습니다.

놀랍게도 한옥도 진화합니다. 한옥에는 전통한옥과 근대한옥이 있습니다. 특히 식민지 시대에 근대한옥이 대규모 분양 방식으로 서울 일대에 등장합니다. 한옥이 꼭 한국 전통문화의 표상은 아니라는 겁니다. 오늘날 한옥은 전통문화의 표상에 그치지 않고 근대문화의 표상으로도 진화하고 있습니다.

그 대표적인 사례가 익선동입니다. 익선동에는 100년의 역사를 자랑하는 근대한옥들이 즐비합니다. 근대한옥 마을이지요. 종로3가역과 가깝습니다. 종로3가역을 나와서 좁은 골목길을 따라가 보면 근대한옥들이 머리를 마주하고 있습니다. 익선동 한옥마을 가까이에는 화려한 고층빌딩들이 있습니다. 밤마다 네온사인도 화려합니다. 어떻게 보자면, 익선동 한옥마을은 오늘의 서울이 아니고 과거의 서울처럼 보일 수도 있습니다.

[그림 5] 골목마다 새로운 풍경이 펼쳐지는 익선동

익선동 한옥들이 사라지지 않은 게 천만다행입니다. 재개발이라는 이름으로 한옥을 밀고 빌딩을 지으려는 시도가 왜 없었을까요? 다행스럽게도 익선동 한옥들이 건재하고 있습니다. 이 한옥들은 새롭게 탄생하고 있습니다. 이 한옥들은 현재 카페로, 식당으로, 숍으로 새롭게 탄생하고 있습니다. 이렇게 비판할 수도 있습니다. 익선동 한옥이 상업화되는 게 아니냐는. 그럴 수도 있습니다.

그런데 이 비판은 다소 일면적 비판일 수 있습니다. 골목이 살아나려면 골목에 사람과 문화가 흘러야 합니다. 돈도 어느 정도는 흘

[그림 6] 정물화 배경 같은 익선동 골목

러야 합니다. 상업화를 공공적 이익으로 환원하는 방법을 연구해야 합니다. 상업화 자체를 한옥 르네상스의 천적처럼 말할 이유는 없습니다.

익선동 답사를 할 때마다 들르는 한옥이 있습니다. 바로 한옥 만화카페입니다. 처음에는 뭔가 싶었습니다. 하필이면 추운 겨울 답사 중이었거든요. 몸이 얼얼하여 추위를 잠시라도 피하고 싶었습니다. 골목을 여기저기 다니던 중에 한옥 만화카페가 눈에 들어왔습니다.

춥기도 했지만 궁금했습니다. 한옥과 만화라니? 한옥에 식당과 카페를 차린다는 말은 들었지만 만화카페라니? 이런 궁금함이 들었습니다. 그래서 들어갔습니다. 근대한옥을 리모델링했더군요. 책장에는 각국의 고급만화, 대중만화가 전시되어 있었습니다. 만화를 볼 수 있는 1층, 2층 단독 방이 있었습니다. 춥지는 않았습니다. 투명한 하늘 가림막이 있었습니다.

1층 방에서 만화를 봤습니다. 출출하다 싶어 라면도 끓여 먹었습니다. 오랜만에 만화를 보니 즐거웠습니다. 한옥에서 만화를 보니 재미가 쏠쏠했습니다. 두세 시간이 훌쩍 지났습니다. 색다른 한옥 체험이었습니다. 한옥이 진화하고 있었습니다. 한옥이라고 해서 꼭 민박과 식당만을 할 이유는 없습니다.

이처럼 익선동 한옥마을은 진화하는 한옥의 백화점 같습니다. 백년한옥과 맥주의 조화는 어떨까요? 펍이 꼭 서양식 건축물에만 있으라는 법은 없습니다. 한옥 펍도 가능하지요. 물론 우려의 목소리는 압니다. 북촌한옥마을, 익선동 한옥마을의 젠트리피케이션 현상을요.

저는 한편으로 이런 현상에도 불구하고 익선동의 한옥 가치를 지키려는 젊은 주인장들의 노력을 더 믿고 싶습니다. 이들이 한옥을 새롭게 진화시키지 않았다면 아마도 익선동 한옥들은 오늘날 존재하지 않았을 겁니다.

그런데 어떻게 서울에 이런 근대한옥들이 존재하게 되었을까요? 우리가 기억해야 할 분이 있습니다. 정세권(1888~1965)입니다. 익선동의 한옥은 대부분 식민지 시대인 1920년대 말에서 1930년대에 걸쳐 건축되었습니다. 정세권은 식민지 시대의 디벨로퍼, 즉 부동산 개발업자이지요. 경성의 건축왕으로 불렸던 분입니다. 일본인들의 북촌 진출을 막아야 한다는 의지로 서민들이 살 수 있는 근대한옥을 대규모로 건축하고 분양한 분입니다.

[그림 7]
근대한옥의 아버지, 정세권[4]

정세권은 경남 고성 출신입니다. 1888년 4월 10일 고성군 하이면 덕명리에서 출생합니다. 정세권은 가난한 가정에서 출생했습니다. 상당히 머리가 좋으셨다 싶습니다. 하이면 면장을 하셨으니까요. 그런데 1912년 25세 나이에 면장직을 사임합니다. 곧 경성으로 상경합니다. 1920년 9월 9일 우리나라 최초의 근대식 부동산 개발 회사 건양사를 설립합니다. 정세권이 삼청동, 가회동, 익선동, 봉익동, 혜화동, 성북동, 창신동, 행당동에 근대식 한옥 단지를 분양합니다.

그런데 이 어른이 참 대단합니다. 민간 부동산업자이지만 조선어학회와 조선물산장려회를 지원합니다. 돈만 밝힌 분이 아니라는 겁니다. 친일하지 않습니다. 오히려 일제가 정세권의 재산을 강탈합니다. 정세권은 조선어학회 지원 관련으로 심한 고문을 받습니다. 정세권은 한옥으로 독립운동하신 분입니다.

양반들의 집이었던 한옥은 정세권에 의해 근대 한국인들의 집으로 새롭게 탄생하게 됩니다. 정세권은 실용적이며 경제적인 한옥을 짓습니다. 근대적 살림이 가능하도록 가옥 구조를 설계하지요. 이 노력의 흔적

---

4 KBS 역사저널 유튜브 채널(https://www.youtube.com/watch?v=Z60W4TWfEOM)에서 이미지 캡처.

이 바로 익선동의 한옥들입니다. 서울에는 이렇게 익선동만이 아니라 곳곳에 근대한옥이 있습니다.

 이 근대한옥들이 사라지지 않기를 정말 바랍니다. 이 근대한옥들이 서울 북촌과 익선동에만 있는 게 아닙니다. 제기동에도 있습니다. 보문동에도 있습니다. 근대한옥들이 서울에만 있지 않습니다.

 제가 사는 대구 원도심에도 있습니다. 대구 서성로 일대에는 근대한옥들이 제법 있습니다. 전주에도 근대한옥이 있습니다. 지역의 한옥 역시 사라지지 않기를 바랍니다. 이 한옥들은 전통한옥들과는 다릅니다. 일단 한옥의 위치가 다릅니다. 한옥은 본래 맥락이 중요한 집입니다. 특히 자연의 맥락 말입니다. 한옥은 홀로 빛나지는 않습니다. 근대한옥은 자연의 맥락이 다소 약해 보일 수는 있습니다. 그런데 근대한옥은 가만히 보면 마을 공동체의 상징 같습니다. 마치 연립주택의 이미지입니다.

 근대한옥들 사이사이에 골목이 있습니다. 그 골목은 미로 같습니다. 골목은 또 다른 골목과 연결되어 있습니다. 골목의 끝이 끝이 아니라 다른 골목과의 연결점이었습니다. 하늘도 예쁘게 보입니다. 탁 트인 하늘은 아닙니다. 골목마다 하늘의 이미지가 다릅니다. 청년들이 익선동 한옥 골목을 좋아하는 이유가 여기에 있습니다. 익선동 한옥 골목은 청년들이 생애 최초로 경험하는 즐거운 도시 미로입니다.

 근대한옥 골목에는 역사와 스토리가 있습니다. 이렇게 근대한옥은 홀로 존재하지는 않습니다. 앞뒤 좌우로 또 다른 한옥이 있습니다. 골목이 있습니다. 이 한옥들을 보존하는 지자체의 노력이 필요합니다. 더불어 이 한옥들을 사랑하는 우리의 마음도 필요합니다. 한옥을 사랑하는 우리들의 마음이 그 무엇보다 중요하다 싶습니다. 근대한옥들도 소중한 한국문화의 유산입니다. 이 근대한옥도 한국인의 집입니다.

제9장 한국인의 음식

1. 우리들의 삼시세끼

'멋'과 '맛'은 그 말의 의미가 유사하면서도 다릅니다. '멋'있는 한국문화가 많습니다. 그간 '멋'있는 한국문화의 사례를 들어 이야기했습니다. 한국의 산사를 이야기했고 한국의 막사발도 이야기했습니다. 한국인의 신명을 이야기했습니다. 오늘은 '맛'에 대해서 이야기해 보기로 하지요.

맛은 인간의 미각과 관련이 있습니다. 맛있는 음식, 미각이 기분 좋게 반응합니다. 반대로 맛없는 음식을 먹을 때 미각이 슬퍼합니다. 우리나라에는 음식 종류도 많고 유형도 많습니다. 통틀어 한식입니다. 우리 음식, 한식을 즐기는 외국인들이 제법 많습니다. 우리의 비빔밥, 갈비를 좋아하는 외국인이 제법 많습니다. 한국 음식을 좋아하는 외국인들이 점점 많아지고 있습니다. 도대체 한국의 맛에는 어떤 비밀이 있을까요?

먹방이라는 말 들어보셨습니까? 먹는 방송의 줄임말이 먹방입니다.

요즘 먹방이 대세입니다. 공중파, 케이블 가릴 게 없습니다. 채널마다 온통 먹방 프로그램입니다. 셰프들의 요리 경쟁 프로그램, 한 끼 식사를 탐색하는 프로그램, 식당 방문 프로그램 등 다양합니다. 여기에 그치지 않습니다. 먹방은 유튜브 콘텐츠로 인기가 높습니다.

오죽하면 2018년 보건복지부에서 비만관리종합대책 차원으로 먹방을 규제한다고 할까요. 먹방 가이드라인을 보건복지부가 만든다는 겁니다. 규제책은 국민 여론이 좋지 않아 흐지부지돼 버렸습니다. 저도 즐겨보는 먹방 프로그램이 있습니다. 「삼시세끼」 프로그램입니다. 아주 우연히 이 프로그램을 보게 되었습니다. 그러다가 이 프로그램의 팬이 되었습니다.

이 프로그램의 출연진들, 음식을 참 맛있게 먹습니다. 그리고 입담도 상당했습니다. 「삼시세끼」는 요리 프로그램은 아닙니다. 시골집에서 프로그램이 제작됩니다. 시골집에서 하루 세끼를 만들어 먹는 게 출연자들의 임무입니다. 출연자들이 전문 요리사들이 아니어서 요리 실력은 들쑥날쑥합니다. 그리고 특별히 이 프로그램에는 눈에 띄는 사건이 없습니다. 출연자들은 농담을 주거니 받거니 하며 세끼를 만들고 세끼를 먹습니다.

[그림 1] 「삼시세끼」 어촌 편의 한 장면[1]

---

[1] tvN 유튜브 채널(https://www.youtube.com/watch?v=L3rSPnl5IlY)에서 이미지 캡처

저는 이 프로그램을 왜 즐겨 봤을까요? 아마도 집밥에 대한 그리움 때문 같습니다. 「삼시세끼」에서 더불어 같이 식사하는 출연자들의 모습을 좋아했다 싶습니다. 이 프로그램은 정선, 만재도, 고창, 득량도 등으로 그 배경을 달리해 왔습니다. 참 한적한 배경지들이었습니다. 도시의 풍경과는 달랐습니다.

도시에서는 다들 바쁘다 보니 밥을 입으로 먹는지 코로 먹는지 모릅니다. 빨리 먹고 자리에서 일어나야 합니다. 빨리 먹고 출근해야 합니다. 「삼시세끼」에서는 그렇지 않습니다. 천천히 먹고 웃으면서 먹고 위로하면서 먹습니다. 저처럼 집밥을 그리워하는 분들이 「삼시세끼」를 사랑하지 않았나 싶습니다.

물론 「삼시세끼」는 연출된 먹방 프로그램입니다. '리얼'은 아닙니다. 그렇지만 그게 연출이든 리얼이든 뭐가 그리 중요할까요. 그 프로그램이 우리들의 삼시세끼는 어떤지 묻고 있다는 거, 이게 이 프로그램의 포인트입니다. 여러분들의 삼시세끼는 과연 어떻습니까? 바쁜 일상을 살아가는 한국인들의 삼시세끼는 과연 어떨까요?

박완서의 소설에서 집의 의미, 중요합니다. 『그 남자네 집』, 『나목』 이런 소설에서 집은 단지 사람의 거주 공간이 아닙니다. 박완서의 소설에서 집은 장소애로서의 집입니다. 밥도 그렇습니다. 박완서의 소설에서 밥, 더 정확히 말해 집밥은 상당히 중요한 의미를 띱니다. 박완서의 소설 『아주 오래된 농담』에는 집밥을 원하는 남편과 집밥을 해주지 않는 아내의 은근한 대립이 나타납니다. 이때의 집밥은 한 끼가 아니라 관심과 사랑의 다른 표현입니다.

오늘날의 한국인들은 시간에 쫓기며 삽니다. 다들 시간 압박을 받습니다. 가족 사이에 대화가 없는 경우도 제법 많습니다. 혼밥족이 늘고 있

습니다. 혼밥족이 늘고 있다는 말은 그만큼 가족 관계가 예전 같지 않다는 겁니다. 가족을 달리 말해 식구라고 합니다. 식구는 더불어 먹는 사람들이란 뜻입니다. 가족이지만 식구가 아닌 경우가 늘고 있습니다. 여러분은 어떻습니까?

한국인의 삶은 과거보다 훨씬 풍족합니다. 가난한 시절의 집밥 이야기는 구식처럼 들릴 수 있습니다. 외식은 한국인들의 일상입니다. 외식이 아니면 집에서 주문하여 먹습니다. 나 홀로 일인가구는 늘고 있습니다. 일인가구에 적합한 먹거리를 구하는 게 어렵지 않습니다. 그렇지만 이럴수록 우리들의 한 끼에 대해 생각해 보기로 하지요. 특히 한 끼를 한국문화의 측면과 관련하여 이야기하기로 하지요.

한국인들에게 밥 한 끼는 소중한 양식입니다. 한국인들에게 한 끼는 배만 부르게 하는 게 아닙니다. 한국인들에게 밥 한 끼는 배와 마음을 불리는 양식입니다. 그래서 우리는 가족을 같이 먹는 자들이란 뜻의 식구라고 부릅니다. 정확히는 한집에서 함께 살면서 끼니를 같이하는 사람의 뜻입니다. 그래서 이렇게 쓰이지요.

한 식구가 되다.
그는 딸린 식구가 많다.
선생님은 철수네 식구가 가난하여 고생하는 것을 보고 안타까워
했다.

여러분과 같이 보고 싶은 영화가 있습니다. 「고령화 가족」입니다. 원작의 제목도 같습니다. 원작은 천명관 작가의 「고령화 가족」입니다. 2013년에 개봉된 영화입니다. 송해성 감독의 영화입니다. 막장 가족 영

화 같지만 실제로는 그렇지 않습니다. 윤여정 배우가 이 영화에서 엄마 역을 합니다. 한모와 인모 두 아들이 등장합니다. 그리고 딸 미연이 등장합니다. 이 나이 든 두 명의 아들과 한 명의 딸이 이유가 있어서 엄마의 연립주택에 머물게 됩니다.

한모와 인모는 만나면 으르렁거립니다. 우애 없는 형제 같습니다. 누이동생 미연이도 그렇게 보입니다. 이렇게 이들은 나이 든 엄마 속을 썩이는 막장 자식처럼 보입니다. 그런데요, 엄마가 대단합니다. 야단치지 않습니다. '돈 벌어 와라' 그런 말을 하지 않습니다. 이 영화에서 반복되는 장면. 엄마는 항상 저녁밥을 차립니다. 주로 반찬은 삼겹살입니다. 식탁에 엄마, 두 아들, 딸, 손녀 이렇게 다섯 명이 모여 식사를 합니다.

[그림 2] 영화 「고령화 가족」의 저녁 식사 장면[2]

엄마가 차려 주는 저녁밥. 영화에서 자주 반복됩니다. 두 아들은 만나기만 하면 싸웁니다. 미연도 만만치 않습니다. 엄마는 밥을 계속 차립니다. 저녁에는 자식들을 불러내어 먹입니다. 먹으라는 겁니다. 이 영화의 자식들은 더불어 먹습니다. 엄마의 대사입니다. "가족이 뭐 대수냐. 같

---

[2] 먹tune 유튜브 채널(https://www.youtube.com/watch?v=YLC06h1U_xc)에서 이미지 캡처

은 집에 살면서 같이 살고 같이 밥 먹고 또 슬플 땐 같이 울고 기쁠 땐 같이 웃는 게 그게 가족인 거지."

엄마의 대사처럼 형제는 갈등을 풀고 화해합니다. 그 과정이 극적입니다. 화해를 말하기 이전에 이미 형제는 서로를 미워하지 않았습니다. 특히 형은 영화감독 동생이 자랑스럽습니다. 아들, 딸의 마음을 더 열게 한 이는 엄마입니다. 엄마의 집밥이 아들, 딸의 마음을 더 열어 식구들로 살아가게 합니다.

엄마의 대사는 한국인들에게 밥의 소중한 의미를 떠올리게 합니다. 가족의 기본은 더불어 먹는 존재라는 겁니다. 혼밥도 밥입니다. 혼밥을 해야 하는 상황이 제법 많습니다. 굶지는 않아야 합니다. 더불어 먹는 밥은 사람을 기분 좋게 만듭니다. 한국인들은 본래 밥을 혼자 먹지 않았습니다. 더불어 먹어 왔습니다. 더불어 웃으며 먹습니다. 더불어 울면서도 먹습니다. 그래서 더불어 밥을 먹다가 정이 들기도 합니다.

혼밥의 시대라고 합니다. 그렇지만 늘 혼밥할 수는 없습니다. 혼밥도 좋지만 더불어 먹는 밥은 더 좋습니다. 우리들의 삼시세끼, 적어도 한 끼는 더불어 먹기로 하지요.

2. 화끈한 융합

여러분들은 요즘 입맛이 어떻습니까? 코로나19 때문에 외출이 예전 같지 않습니다. 식당에서 마스크를 착용해야 합니다. 입맛이 떨어지게 생겼습니다. 입맛이 좋아야 건강할 수 있습니다. 입맛이 좋지 않은데, 건강할 수 없겠지요. 입맛은 사람마다 다를 겁니다. 태어난 고향에 따라 다를 수도 있습니다. 그렇지만 누구에게나 자기의 입맛을 당기는 음식이 한두 가지는 있을 겁니다.

　백석 시인. 「가즈랑집」, 「남신의주 유동 박시봉방」을 쓴 시인입니다. 백석 시인의 시 중에 「고야」라는 시가 있습니다. 이런 표현이 있습니다.

> 내일같이 명절날인 밤은 부엌에 쩨듯하니 불이 밝고 솥뚜껑이 놀으며 구수한 내음새 곰국이 무르끓고 방안에서는 일가집 할머니가 와서 마을의 소문을 펴며 조개송편에 달송편에 쥐두기송편에 떡을 빚는 곁에서 나는 밤소 팥소 설탕 든 콩가루소를 먹으며 설탕 든 콩가루소가 가장 맛있다고 생각한다.
> 나는 얼마나 반죽을 주무르며 흰가루손이 되어 떡을 빚고 싶은지 모른다.
>
> **-백석 「고야」 中**[3]

　백석 시에는 구체적인 음식물이 자주 등장합니다. 그의 시는 추상의 세계를 그리지 않습니다. 사람들의 삶이란 「고야」에서 확인되듯 자기 몸을 행복하게 만들어 주는 음식을 먹으며 살아가는 행위 아닌가 합니다. 먹고 마시고 배설하고. 이게 하루의 일과일 수가 있습니다. 「고야」에서 백석은 조개 송편, 달 송편, 쥐두기 송편 등등 자신이 어린 시절에 맛있게 먹은 송편을 회고합니다. 시인은 송편을 빚는 옆에서 설탕 든 콩가루소를 먹은 일이 있었나 봅니다. 행복한 기억입니다. 백석은 「선우사」라는 시에서 이렇게도 노래했습니다.

3　송준 편, 『백석 시 전집』, 흰당나귀, 2012, p.64.

우리들은 가난해도 서럽지 않다

우리들은 외로워할 까닭도 없다

그리고 누구 하나 부럽지 않다

흰밥과 가재미와 나는

우리들이 같이 있으면

세상 같은 건 밖에 나도 좋을 거 같다

-백석「선우사」中[4]

  가난하면 서럽습니다. 외롭습니다. 주변 사람들이 부러울 수도 있습니다. 그런데 시인은 이렇게 노래합니다. 흰밥과 가재미가 가난과 외로움을 견딜 수 있게 하리라 이렇게 노래합니다. 여러분들은 어떤 음식과 함께 있으면 행복한가요? 자기를 행복하게 만들어 주는 음식을 생각해 보기로 하지요. 아마 여러 예시가 나올 거 같습니다.

  나이 든 어른이라면 국밥, 설렁탕, 추어탕, 육개장, 비빔밥 등을 예로 들 수 있습니다. 나이가 젊다면 피자, 파스타 등을 예로 들 수 있습니다. 밥을 좋아하는 사람, 밀가루 음식을 좋아하는 사람, 육류를 좋아하는 사람, 생선을 좋아하는 사람 다양합니다. 이 중에서 한국 음식으로 이야기될 만한 게 어떤 게 있을까요? 국밥, 설렁탕, 추어탕, 육개장, 비빔밥 이런 게 한국 음식으로 더 이야기되겠지요.

  이런 한국 음식의 특징은 무얼까요? 화끈한 융합입니다. 대충 섞는 정도가 아닙니다. 세계에서 이런 유례가 없습니다. 한국 음식, 화끈한 융합

---

[4] 앞의 책, pp.160~161.

의 진수성찬입니다. 융합의 수준이 상식을 넘습니다. 여러분들 설렁탕 좋아하지요. 우리나라의 대표적인 서민 음식입니다. 쇠머리, 사골, 도가니, 양지, 내장 등을 10시간 넘게 푹 고아 끓인 음식입니다. 국물이 생명입니다. 국물을 그냥 끓이는 게 아니라 푹 고아야 합니다.

그러면 진한 국물 맛이 나옵니다. 점잖게 먹는 음식은 아닙니다. 깍두기, 편육과 함께 후루룩 소리를 내며 먹는 분들이 많습니다. 반주를 하시는 분들도 있습니다. 설렁탕은 국과 밥의 화끈한 융합입니다. 국도 그냥 국이 아닙니다. 푹 고아 끓인 국입니다. 그 국에 파, 편육이 다 들어가 있습니다. 밥을 국과 말아 먹기도 하고 따로 먹기도 합니다.

국밥, 추어탕, 육개장이 다 그렇습니다. 지역마다 밥이 따로 나오기는 하지만 기본적으로 융합 음식들입니다. 비빔밥은 더 그렇습니다. 비빔밥은 밥, 나물, 고추장을 한 번에 비벼 먹는 음식입니다. 비빔밥처럼 융합적인 음식도 없습니다. 다른 나라 음식 중에 이렇게 비벼서 먹는 게 없습니다. 서양 음식은 주식과 부식을 구분합니다. 비빔밥은 그렇지 않습니다. 한 번에 비벼서 새로운 음식이 탄생합니다. 게다가 비빔밥에는 매운 고추장이 섞이기도 합니다. 이러면 전혀 새로운 음식이 나오는 겁니다.

비빔밥에 나물이 등장합니다. 달걀을 풀기도 합니다. 이제 비벼야 합니다. 비비지 않으면 비빔밥이 아닙니다. 밥과 나물의 융합입니다. 밥과 고추장, 참기름의 융합입니다. 이런 게 없다면 밥과 강된장을 비벼도 좋습니다. 이렇게 잘 비비는 한국인의 스타일은 비빔밥을 진화시켜 왔습니다.

한국인은 밥과 나물만을 비비지 않습니다. 열무와 밥을 섞어 열무비빔밥을 먹습니다. 밥과 육회를 비며 육회비빔밥을 먹습니다. 밥과 회를 비며 회덮밥을 먹습니다. 회덮밥은 한국인들이 독창적으로 발명한 메뉴일 겁니다. 야채, 회, 밥으로 구성된 회덮밥. 넓게 보면 비빔밥의 변형입니다.

[그림 3] 전주비빔밥[5]

한국인들은 비빔의 일급 선수입니다. 고급 비빔밥도 있습니다. 돌솥비빔밥입니다. 양으로 승부하는 양푼비빔밥이 있습니다. 순천에 꼬막비빔밥이 있습니다. 앞으로 어떤 비빔밥이 나올지 기대되고 궁금합니다. 비빔밥, 우리나라의 대표 음식입니다. 정리하면 이렇습니다. 한국인들은 밥, 반찬, 양념이 기본입니다. 그런데 비빔밥은 이 모두를 한 그릇으로 융합하는 겁니다.

이렇게 한국인들은 재료들을 뒤섞어 아주 새로운 요리를 만듭니다. 비빔 선수들이 바로 한국인입니다. 사실 한국 음식들의 유래가 정확하지는 않습니다. 설렁탕의 유래를 선농단에서 찾습니다. 비빔밥의 유래를 골동반에서 찾습니다. 그런데 이 유래가 정확하지는 않습니다. 한국 문화의 측면이 더 중요합니다. 화끈한 융합. 한국 음식의 문화적 측면이 이렇습니다.

화끈하게 융합하는 한국인이 소맥을 만든 겁니다. 소주면 소주, 맥주면 맥주가 아닙니다. 한국인들은 소주 맥주를 섞어 마십니다. 심지어는 양주와 맥주를, 안동소주와 맥주를 섞어 마시는 분도 있습니다.

이렇게 한국인들은 비비지 못하는 게 없습니다. 한국인들은 창조적인 비빔가들입니다. 한국인들의 최고의 보양식 삼계탕도 그렇습니다. 삼계탕은 닭, 인삼, 대추, 밥이 융합된 음식입니다. 한 그릇에 말입니다. 초복 중복 말복에 먹는다는 삼계탕, 이 음식도 한국인들의 융합 스타일이 만들어낸 음식입니다. 삼계탕은 단백질, 미네랄, 탄수화물이 다 들어간 최

---

5 잇드 유튜브 채널(https://www.youtube.com/watch?v=ZYXB1o3kR6A)에서 이미지 캡처

고의 보양 식품입니다. 한 그릇 비우면 우리 몸이 확 달라진 느낌이 듭니다. 이렇게 화끈한 융합 스타일이 보이는 한국 음식은 한둘이 아닙니다.

김밥도 그렇습니다. 김밥이 진화를 거듭합니다. 한국인들이 간편하게 먹는 음식입니다. 김, 밥, 그리고 반찬이 한 번에 돌돌 말립니다. 치즈김밥, 고추김밥, 멸치김밥, 야채김밥, 김치김밥 종류도 다양합니다. 이제 김밥은 한국인들의 대표 음식이 되었습니다.

이렇게 한국인들은 음식에서도 대단한 파격을 보여왔습니다. 비빔과 융합에서 타의 추종을 불허하는 상상력을 실천한 민족입니다. 이 상상력이 앞으로 어떤 한국 음식을 만들어 낼까요? 치킨과 맥주를 융합시킨 한국인입니다. 과연 앞으로 어떤 음식들이 융합될지 기대됩니다.

3. 인내하는 기다림

우리 음식의 대표적인 특징이 화끈한 융합이라고 했습니다. 이 분야에서 한국인들처럼 상상력이 뛰어난 민족도 없습니다. 그런데 이게 전부가 아닙니다. 융합을 하지만 이 융합에 정점을 찍는 재료가 있습니다. 그러니까 화끈한 융합은 그저 이뤄지는 게 아닙니다. 비빔밥을 다시 예로 들어보지요. 비빔밥의 정점은 고추장입니다. 고추장으로 비비지 않으면 허전합니다. 회덮밥은 어떻습니까? 초장이 있어야 합니다.

이제 한국인의 소스, 장을 이야기해야 합니다. 한국인의 장을 이야기하기 전에 먼저 이 장을 담근 옹기 이야기할까요? 장독대를 기억하십니까? 한옥에는 장독대가 있습니다. 부엌 가까운 뒷마당에 주로 장독대가 있습니다. 장독대에는 간장, 고추장, 된장, 김치가 주로 저장되어 있습니다. 한국인들에게 요긴한 장이 장독대에 있었지요. 장독대가 한옥에만 있지는 않았습니다. 장독대 근처에서 놀면 어머니에게 많이 혼났지요. 가끔은 몰래 뚜껑을 열어 보곤 했습니다. 그렇게 해서 보니 참 이상하게 생긴 끈적끈적하게 생긴 게 있었습니다. 바로 장입니다.

[그림 4] 한국의 옹기[6]

장독대의 옹기들은 숨을 쉽니다. 가장 한국적인 그릇이 옹기입니다. 이 옹기에서 장이 발효되는 겁니다. 옹기, 장을 숙성시키는 그릇입니다. 장을 담근다고 하지요. 장을 만든다고는 하지 않습니다. 장을 옹기에 담그는 겁니다. 담그는 게 6개월, 1년이 아닙니다. 간장을 4년이나 담그기도 합니다. 뚜껑을 연 사람의 얼굴까지 보일 정도로 간장을 옹기에 담급니다. 대단한 한국인, 놀라운 옹기입니다.

옹기의 역사 오래되었습니다. 토기가 옹기의 기원입니다. 한국인들은 옹기에 음식을 넣고 발효시키는 식습관이 오래전부터 있었습니다. 옹기는 한민족의 역사와 함께한 그릇입니다. 장을 담그는 옹기는 한국인의 정성을 담는 시간의 그릇 같습니다. 옹기는 숨 쉬는 그릇입니다.

옹기는 가내에 있지 않습니다. 마당에 있습니다. 앞마당이든 뒷마당이든 마당이 옹기의 집이지요. 마당에는 네 계절이 흐릅니다. 비도 오고 바람도 붑니다. 옹기는 이 계절과 날씨를 피하지 않습니다. 산 그릇입니다. 이런 옹기에 담근 장은 살아 있는 장입니다. 발효가 뭘까요? 살아 있다는 겁니다. 옹기가 우리 음식을 살아 있게 한다는 겁니다.

---

6   문화유산 유튜브 채널(https://www.youtube.com/watch?v=1GbqLE6UUfg) 에서 이미지 캡처

그런데 옹기는 장을 순식간에 살리는 게 아닙니다. 옹기는 그리움으로 기다림으로 그 안에 든 장을 살립니다. 빠르게 발효되는 게 아니라 천천히 여유롭게 발효되는 겁니다.

한국인의 식습관이 서양처럼 바뀌었다고 합니다. 그렇지만 한국인은 된장, 간장, 고추장 없이 살 수 없습니다. 쌀 소비가 점점 줄어들었다고 합니다. 된장, 간장, 고추장의 소비도 줄어든다고 합니다. 그러나 아주 없이 살 수는 없을 겁니다.

어르신들이 예전처럼 직접 장을 담지는 않습니다. 그러나 직접 담근 장을 찾는 분들은 많습니다. 이 장들이 한국인을 살린 겁니다. 후다닥 만들어지는 게 장이 아닙니다. 시간이 걸리고 정성이 요구됩니다.

한해 농사가 마무리되면 늦가을에 장 담그는 일이 시작됩니다. 어디서나 잘 자라주는 콩이 장의 재료이지요. 쌀은 쌀대로 한국인들을 살려왔지만 콩은 콩대로 한국인을 살려왔습니다. 한국인에게 쌀과 콩은 천혜의 식자재입니다. 한국인은 밥과 콩나물국을 먹거나 밥과 된장찌개에 두부를 먹거나 합니다. 쌀이 주식인 한국인들에게 콩은 꼭 필요하지요. 영양적 요소로도 그렇다고 합니다. 고맙게도 콩은 한반도 전역에서 생산됩니다. 고마운 일입니다.

한국인들은 예로부터 콩을 재배하며 살아왔습니다. 한국인이 콩으로 장을 담갔다는 기록은 『삼국사기』에 나오고 있습니다. 『삼국사기』 신문왕 편에 왕이 신붓집에 폐백과 쌀, 술, 장 등등을 150 수레 보냈다는 기록이 나옵니다. 지금이야 장이 흔하지만 아마도 이 시대에는 장이 엄청나게 귀하지 않았을까요? 임금이니 이렇게 수레에 장을 실어 보낼 수 있었겠지요.

장 담그기는 겨울에도 이어집니다. 메주 기억하지요? 처마 밑에 메주가 매달립니다. 콩을 씻고 조리로 건집니다. 솥에 콩을 붓고 약한 불로 오랜 시간 푹 삶습니다. 콩이 익혀지면 온 집에 구수한 냄새가 납니다. 어머니가 콩이 솥 바닥에 붙지 말라고 큰 주걱으로 저어 주던 모습이 떠오릅니다. 이렇게 삶으면 콩이 물러지지요. 그리고 건진 콩을 절구에 찧습니다. 찧은 콩을 적당한 덩이로 나누어서 새끼줄로 매답니다.

그리고 겨울 두 달 정도 메주가 겨울나기를 하는 겁니다. 겨울의 햇빛, 공기, 바람이 메주를 점점 숙성시켜 줍니다. 자연의 손이 메주를 완성합니다. 이런 과정이 참 신비하기만 합니다.

[그림 5] 옹기가 숙성시킨 된장[7]

장이 이렇게 만들어졌습니다. 이렇게 오랜 그리움으로 발효된 장이 한국인을 키워 왔습니다. 김치, 대표적인 발효 반찬입니다. 김치를 먹는다는 말은 이로운 미생물을 먹는다는 말입니다. 된장찌개를 먹는다는 것도 이로운 미생물을 먹는다는 말입니다.

한국인들이 왜 이렇게 발효 음식에 능할까요? 한국인들은 심지어 생선도 발효해서 먹습니다. 삭혀서 먹습니다. 홍어가 특히 그렇지요. 발효 왕이 한국인입니다.

잘 먹기 위해서는 인내와 기다림이 필요한 겁니다. 가공식품이 발전한 오늘날, 기다림은 미덕이 아닐 수도 있습니다. 그렇지만 정말 좋은 음식은 기다려 줘야 합니다. 한국인, 빨리빨리 선수들입니다. 그런데 장을 담그는 한국인들은 그렇지 않습니다. 기본적으로 장은 슬로푸드이거든요. 정말 좋은 장을 만나려면 가을 겨울을 거쳐야 합니다. 그리고 한 해

---

7   YTN 사이언스 유튜브 채널(https://www.youtube.com/watch?v=jK2f3RE7pZY)에서 이미지 캡처

두 해를 거쳐야 합니다. 장만 그런 게 아닙니다. 삭힌 음식들이 다 그렇습니다.

한국 음식은 슬로푸드의 원조입니다. 슬로푸드가 별 게 아닙니다. 자연을 품은 음식이 슬로푸드이지요. 자연과 함께하는 음식이 슬로푸드이지요. 자연과 함께하는 음식이라는 건 그 음식이 살아 있다는 겁니다. 한국인들이 예로부터 발효의 과학적 원리를 알고 발효 음식을 만든 건 아니지요. 자연과 함께하는 슬로푸드 마인드가 한국인을 발효왕으로 만들었다 싶습니다.

한국인들은 먹을 때는 화끈하게 비벼 먹지만 장을 담글 때는 정성스러웠습니다. 우리나라의 음식문화를 한두 단어로 정리할 수 없습니다. 우리나라를 대표하는 음식을 한두 사례로 이야기할 수 없습니다. 저는 한국의 맛을 이야기하며 음식을 대하는 한국인의 태도를 먼저 말했습니다. 한국인들은 가족을 식구로 불렀습니다. 같이 먹는 사이라는 거지요. 한국인들은 같이 먹으며 인생을 살아왔습니다. 그러면서 위로받고 행복했습니다.

한국인들은 비비는 데 선수입니다. 그래서 비빔밥을 탄생시켰습니다. 자료들을 뒤섞어 아예 새로운 음식을 탄생시킨 한국인들입니다. 비빔밥은 단지 전통 음식이 아닙니다. 진화하고 있습니다. 앞으로도 더 진화할 겁니다. 그런데 그 진화는 기다림과 그리움으로 담근 장과 함께합니다. 우리의 음식문화는 융합과 숙성의 특징을 보인다고 하겠습니다. 이 특징이 앞으로도 계속 이어지기를 기대합니다.

제10장 **한국인의 신앙**

1. 한국인의 무속신앙

　사람의 삶은 유한합니다. 사람의 삶은 한계 앞의 삶입니다. 그래서 사람은 유한과 한계 저 너머의 신성한 존재를 그리워합니다. 사람은 신성한 존재에 청원합니다. 사람의 이러한 기대심리는 신앙의 동력입니다. 지구별에는 숱한 종교가 있습니다. 하늘의 별만큼 많은 종교를 사람들이 믿습니다.
　우리나라에는 여러 종교 신자들이 삽니다. 천주교, 개신교, 불교, 원불교, 향교 등 우리나라 사람들은 저마다의 이유와 배경으로 신앙생활을 합니다. 무신론자도 제법 많습니다. 신앙생활을 하면 잘 사는 삶이고 그렇지 않으면 못 사는 삶이 아닙니다. 내 마음의 평화를 이루는 방법은 다양합니다. 무신론자들도 명상으로 마음의 평화를 구하고 있습니다.
　우리나라에는 종교 간 다툼이 없습니다. 천만다행입니다. 유럽과 아랍의 갈등은 종교 갈등입니다. 기독교와 이슬람교의 갈등입니다. 이 갈등이 수백 년 반복되어 테러와 전쟁으로 비화합니다. 유럽과 아랍의 본격적 갈등은 중세 십자군 전쟁에서 시작합니다. 그 전쟁이 계속 이어지고 있습니다. 다른 형태로 이 전쟁은 이어지고 있습니다.

반면 한국인은 지혜롭습니다. 한국인은 적어도 종교 때문에 극단적 다툼을 벌이지는 않습니다. 10장에서는 한국인의 종교가 아니라 한국인의 신앙을 이야기하겠습니다. 종교는 특정 종파를 연상시킵니다. 신앙은 그렇지 않습니다. 신앙은 믿음의 심성 구조와 관련됩니다.

한국인의 신앙을 한 마디로 규정할 수는 없습니다. 한국인의 신앙을 말하는 게 한국 역사의 전부를 말하는 일만큼 어렵습니다. 여기서는 한국인 신앙의 원천에 해당하는 무속신앙에 대해서 말해 보겠습니다.

무속을 한자로 쓰면 이렇습니다. 巫俗. '巫'는 무당이나 무당과 관련된 풍속을 말합니다. '무'라는 존재는 무당을 특정하면서 동시에 정치 권력에서 배제된 어떤 경계인을 일컫기도 합니다. 실질적 권력자인 왕이 민중을 통치한다면 '무'는 자유로운 처지에서 민중을 격려합니다.

무속은 종교이자 문화입니다. 유교, 불교가 한반도에 유입되기 이전부터 무속은 있었습니다. 한반도만이 아닙니다. 동북아시아 전역에는 여러 유형의 무속신앙이 퍼져 있었습니다. 한반도 역시 그렇습니다. 유교, 불교와 달리 무속신앙은 좀 더 원시적 신앙의 모습을 띕니다. 무당, 즉 샤먼들은 신과 직접 교통하며 사람의 우환을 덥니다. 무속신앙은 민중들에게 군자가 되기 위한 인격 수양을 요구하지 않습니다. 무속신앙은 민중들에게 부처가 되기 위한 불심 수양을 권유하지 않습니다.

무속신앙은 유교, 불교와 다릅니다. 무속신앙은 신의 도움을 받아 사람을 치유합니다. 사람만 치유하는 게 아닙니다. 마을의 안전을 기원합니다. 어민들의 풍어를 기원합니다. 생각해 보십시오. 옛날에는 어민들이 바다에서 죽는 일이 허다했습니다. 목숨을 걸고 바다로 나간 겁니다. 그래서 이들의 안전 귀가가 마을 주민들의 간절한 소원이었습니다. 이들의 안전을 비는 마을굿이 동해안 별신굿입니다.

남해안 어민들의 안전을 비는 굿이 남해안 별신굿입니다. 전라도에서는 죽은 이의 혼을 씻기는 굿이 있습니다. 전라도 씻김굿입니다. 이 모든 게 한국 무속신앙의 사례입니다. 한국 무속신앙의 특징, 현세적 신앙입니다. 한국 무속신앙의 주인공은 신이 아닙니다. 한국 무속신앙의 주인공은 사람도 아닙니다. 한국 무속신앙의 주인공은 현세적 삶입니다.

[그림 1] 진도 씻김굿 명인 박병천의 공연 장면[1]

굿은 무속신앙의 핵심입니다. 무속신앙은 굿으로 표현되고 굿으로 전승됩니다. 굿은 무당 혼자 하는 게 아닙니다. 신과 무당, 마을 사람의 공동 연행이 굿입니다. 집단적 제의가 굿입니다. 굿의 본질은 풀림입니다. 푸는 게 굿의 본질입니다. 굿은 현혹하는 게 아닙니다. 현혹은 속이는 겁

---

[1] 유튜브 광주MBC 채널(https://www.youtube.com/watch?v=IPcrlFUdfp0)에서 이미지 캡처

니다. 굿은 푸는 겁니다.

　인간문화재 만신 김금화. 굿을 한국문화로 승화한 어른입니다. 김금화의 일대기를 그린 영화가 있습니다. 「만신」[2]이란 영화가 김금화의 일대기를 그렸습니다. 김금화의 유년기 이름은 '넘세'였습니다. 넘세는 남동생을 본다는 황해도 방언입니다. 사촌 형부가 넘세 대신 금화라는 이름을 지어 줍니다. 김금화는 열네 살 나이에 혼례를 치릅니다. 강제 혼례입니다. 입을 덜려고 금화를 결혼시킨 겁니다. 열여섯 나이에 시댁에서 도망칩니다. 시집살이가 무섭고 고단했습니다.

　신내림을 받습니다. 신병을 앓습니다. 강제 결혼 전부터 앓은 신병입니다. 12살부터 앓았습니다. 1946년 열일곱 나이에 내림굿을 받습니다. 내림굿을 받은 김금화는 작은 굿, 큰 굿을 하며 무당의 길을 걷습니다. 탄탄대로를 걸었을까요. 그렇지 않습니다. 한국전쟁을 거치며 김금화 선생의 고생이 컸습니다. 아비규환의 전쟁통, 목숨을 부지하는 게 쉽지 않았습니다.

　자기 아픔이 큰 분입니다. 자기 아픔이 크기에 만신으로 존경받게 됩니다. 자기 아픔이 있기에 남의 아픔이 보이는 겁니다. 그리고 여러 아픔을 위로하기 위해 굿판을 펼치는 겁니다. 아픔이 공감의 매개입니다.

　김금화의 굿은 우리나라보다 해외에서 관객의 인기를 더 얻었습니다. 해외에서 김금화의 굿은 한국문화로 인정을 받습니다. 굿은 한국문화입니다. 춤, 소리, 가락, 음식이 복합적으로 섞인 연행예술이 굿입니다. 굿을 이렇게 한국문화로 받아들이면 됩니다. 굿을 신앙과 종교로 생각하지 않아도 됩니다. 굿을 우리나라 상고대 시대부터 전승된 원형적인 한

---

[2] 「만신」은 2013년 박찬경 감독의 작품이다. 김새론, 문소리 배우가 김금화 역을 맡는다.

국문화라고 간주하면 됩니다.

2. 한국의 신들

한국인들은 신과 함께 살아온 민족입니다. 성주신이라는 말이 있습니다. 성주신은 집을 지키는 신입니다. 집안의 길흉화복을 관장하는 신이 성주신입니다. 가신 중 으뜸입니다. 영화 「신과 함께」 2편에 성주신이 등장합니다. 미국영화 「어벤져스」에는 북유럽의 신 오딘이 등장합니다. 우리 영화에 성주신이 등장해 반가웠습니다.

성주신만 있는 게 아닙니다. 조왕신도 있습니다. 조왕신은 부엌을 관장하는 신입니다. 아궁이, 밥솥을 담당하는 신이 조왕신입니다. 예전에는 아궁이에 불을 지피는 일이 중요했습니다. 한국인들은 부엌의 신인 조왕신이 아궁이의 불을 잘 지펴 줄 거라 여겼습니다.

터주신도 있습니다. 터주신은 집터를 관장하는 신입니다. 땅속에서 올라오는 사악한 기운을 막는 신이 터주신입니다. 어디 이런 신만 있을까요. 우물을 관장하는 우물신, 뒷간을 관장하는 뒷간신도 있습니다. 집안의 재산을 담당하는 업신도 있습니다. 가신들이 지역적으로 달리 나타나기도 합니다.

제주인들은 예로부터 삼신할머니가 아기를 점지한다고 믿었습니다. 더불어 삼신할머니가 아기를 건강하게 길러 줄 거라 믿었습니다. 그래서 제주도 사람들은 삼신할머니를 지극하게 받들었습니다.

이렇게 한국인은 성주신, 조왕신, 터주신과 함께 살았습니다. 이 가신들의 특징이 있습니다. 이 가신들은 현세주의적인 신들입니다. 내세의 신이 아닙니다. 저승의 신이 아닙니다. 이 신들은 현세의 신입니다. 이 신들은 한국인의 현세적 일상을 돕는 신입니다. 한국인들은 어떤 이유로 가신 신앙을 가지게 되었을까요?

한국인들은 집을 단순한 물리적 공간으로 생각하지 않습니다. 한국인들은 집을 운을 키우는 터전으로 간주합니다. 집터가 좋아야 운이 핀다는 겁니다. 반대로 집터가 나쁘면 운이 죽는다는 겁니다. 운이 핀다는 말은 '길(吉)'은 늘고 '흉(凶)'은 준다는 겁니다. 한국인들은 자기 힘으로 집터의 길흉화복을 다스릴 수 없다고 믿습니다. 그래서 가신을 믿게 됩니다.

가신 신앙은 가정 단위의 신앙입니다. 유교 제례와는 전혀 갈래가 다릅니다. 유교 제례의 주역은 주로 남성들입니다. 그 형식과 절차도 까다롭습니다. 그런데 가신 신앙의 주역들은 여성들입니다. 가신 신앙은 자연적으로 발생한 민간 신앙의 한 갈래입니다. 교주와 창시자가 없습니다. 교리와 조직도 없습니다.

그런데 한국인들은 집에만 신이 있다고 믿지 않았습니다. 집 밖에도 신이 있다고 믿었습니다. 한국인들은 집 안과 밖 어디에나 신이 있다고 믿습니다. 이 신에 의지해 집과 가족의 만수무강을 빕니다. 한국인들에게 신은 어떤 특정한 존재를 말하는 게 아닙니다. 특히 한국인의 무속신앙은 어떤 특정한 존재를 섬기는 게 아닙니다. 한국인의 신앙의 대상은 산일 수도 바다일 수도 있고 나무일 수도 있습니다. 바위가 신앙의 대상이 되기도 합니다.

어떻게 된 일인지 우리 교육은 이를 미신으로 가르쳤습니다. 미신의 우리말 뜻은 비과학적이고 종교적으로 망령되다고 판단되는 신앙을 말합니다. 한국인의 무속신앙을 미신으로 치부하면 한국문화의 유산을 인정하지 않게 됩니다. 한국인의 무속신앙을 문화의 측면에서 바라봐야 합니다. 무속신앙의 역사는 시간으로 잴 수 없을 만큼 오래되었습니다. 상고대부터 무속신앙의 역사가 시작되었다고 봐야 합니다. 무속신앙은 시대에 따라 종교와 문화로 표현된 겁니다. 한국인의 무속신앙은 불교, 유교가 수입되기 이전부터 이 땅에 존재하고 있었습니다.

조선왕조가 유교를 통치이념으로 표방한 나라이지만 민중들은 무속신앙을 버리지 않습니다. 그만큼 무속신앙의 무게감이 큽니다. 무속신앙에서 '무'의 의미를 다시 정리해 볼까요?

'무'에는 무당의 뜻이 있습니다. 그런데 이는 사전적 의미입니다. 무속신앙의 '무'에는 풀림을 향한 한국인의 비원과 소원의 의미가 내포되어 있습니다. 무에는 여러 의례와 기도가 들어 있습니다. 무의 중심에는 샤먼, 즉 무당이 있습니다. 샤먼들은 하늘과 인간, 땅과 인간의 소통을 이끕니다. 샤먼을 놓고 이뤄지는 신앙이 바로 무속신앙입니다.

한국의 무속신앙은 동북아시아, 넓게는 시베리아까지 그 범위가 확대될 수 있습니다. 샤먼은 한국에만 있지는 않습니다. 몽골, 만주, 일본에도 있습니다. 우리의 샤먼들은 더 인간적이고 더 현세주의적인 특징을 보입니다. 우리 샤먼들은 권력자들을 위로하기보다는 민중을 위로하는 특징을 반복적으로 보입니다. 이게 한국 무속신앙의 주요 특징입니다. 한국 무속신앙을 미신으로 재단하지 않을 이유가 바로 여기에 있습니다. 샤먼과 민중과 함께한 역사가 있습니다.

여러분, 바리데기 신화의 바리데기를 아십니까? 바리데기는 일종의 무당, 즉 샤먼입니다. 바리데기가 처음부터 샤먼이지는 않았습니다. 아들이 아니라는 이유로 아버지에 의해 버려진 바리데기가 죽은 아버지를 살립니다. 언니들은 죽어 가는 아버지를 살리는 일에 나서지 않습니다. 바리데기는 나섭니다.

그런데 그 길은 고난의 길입니다. 바리데기는 고난의 길을 통과하며 아버지를 살릴 생명수를 얻습니다. 바리데기는 이에 그치지 않고 우주의 생명을 관장하는 대모신으로 성장합니다. 단군신화의 단군은 어떤 존재일까요? 단군은 고조선을 세운 어른입니다. 단군의 어원을 '당골'이나 몽골어인 '탱그리'로 보는 분들이 있습니다. 단군신화의 단군이 일급 샤먼으로 인정될 수 있습니다.

바리데기와 단군은 생명을 살리고 거두는 문화영웅입니다. 문화영웅, 이 점이 바로 큰 샤먼의 본질입니다. 현실 역사에서도 문화영웅의 모습을 보이며 당대 권력에 도전한 이들이 있습니다. 동학의 교주 수운 최제우가 그렇습니다. 샤먼의 본질을 정확히 이해해야 합니다.

[그림 2] 우주의 대모신으로 성장하는 바리데기[3]

기독교에서는 인간을 하느님이 창조한 피조물로 간주합니다. 불교는 인간을 부처의 본성을 소유한 존재로 간주합니다. 무속신앙은 인간을 자연적 존재로 간주합니다. 자연적 존재로서의 인간은 탄생하고 성장하고 늙고 병드는 존재입니다. 한국의 무속신앙은 이 과정에서 굳이 인간에게 영원한 구원과 각성을 말하지 않습니다. 삶의 국면마다 풀고 위로받아야 할 일이 있다면 풀고 위로받으라는 겁니다. 자연의 이치가 그렇다는 겁니다. 이렇게 무속신앙은 인간을 자연의 한 부분으로 간주합니다. 인간은 하늘과 땅, 더 크게는 이 우주와 연결되어 있다는 겁니다.

---

3   2015년 4월 11일 『동아일보』(https://www.donga.com)에서 이미지 캡처

우주와 연결된 존재로서의 인간. 우주의 기운과 사람의 기운이 통한다는 겁니다. 21세기 첨단사회에서도 무속신앙의 영향력이 사라지지 않습니다. 한국인들은 유독 사주, 관상을 좋아합니다. 사주명리학자들이 유튜브에 판을 만드는 세상입니다. 유명 명리학자의 유튜브는 조회 수가 어마어마합니다. 1990년대 대중음악 평론가로 필명을 날린 강헌은 유튜브에 철공소라는 사주명리학 방송을 진행하고 있습니다.

제주도 사람들은 이사 기간이 따로 있습니다. 이를 신구간으로 부릅니다. 신구간은 24절기의 마지막 절기인 대한(大寒) 후 5일째부터 새로 시작하는 입춘(立春)이 되기 3일 전까지의 기간을 말합니다. 이 일주일 사이에 지상의 신들이 자리를 비웁니다. 이때 이사를 합니다. 이때 이사하거나 집수리를 합니다. 제주 특유의 세시풍속입니다. 타 지역에는 없는 제주 고유의 풍속입니다. 제주의 무속신앙 신구간. 제주의 무속신앙은 이렇게 독특합니다.

3. 마을의 수호신

집에는 집을 지키는 신이 있습니다. 마을에는 마을을 지키는 신이 있습니다. 집이 모여 마을이 이뤄집니다. 마을의 수호신이 서낭신입니다. 마을의 수호신이라니, 이 얼마나 멋진 신입니까? 아파트 공화국에서 마을의 수호신들은 더는 존재하지 않을 수도 있습니다. 그렇지만 마을의 수호신이 있다는 믿음을 포기하고 싶지는 않습니다.

「이웃집 토토로」라는 일본 애니메이션이 있습니다. 시골의 낡은 집으로 한 가족이 이사 갑니다. 아빠와 두 명의 어린 딸이 시골로 이사 갑니다. 엄마는 병원에 있습니다. 엄마는 퇴원하면 시골집으로 올 계획입니다. 언니의 이름은 사츠키, 동생의 이름은 메이입니다. 언니가 학교 간 사이에 마당에서 혼자 놀던 메이는 마당 저쪽에서 반짝이는 무언가를 발견합니다.

반짝이는 물체는 요정입니다. 도토리를 줍기 위해 요정이 마당에 몰래 나온 겁니다. 메이가 요정을 뒤쫓습니다. 메이는 커다란 나무의 밑동으로 떨어집니다. 그리고 그곳에서 도토리나무 요정 토토로를 만납니다.

토토로는 사츠키와 메이의 지킴이 같습니다. 도토리나무만의 요정은 아닙니다. 엄마의 병 때문에 마음이 아픈 사츠키와 메이를 위로하는 두 소녀의 지킴이가 토토로입니다. 이왕이면 마을과 마을의 어른들, 아이들의 지킴이가 존재한다고 믿고 싶습니다. 여러분이 사는 마을을 지키는 신은 누구일까요?

서낭당은 마을 신앙의 중심입니다. 서낭당은 마을의 수호신인 서낭을 모시는 당집입니다. 산업화와 도시화는 서낭당을 사라지게 합니다. 서낭당은 대개 마을 입구나 경계 지점에 있었습니다. 서낭당 환경은 마을마다 다릅니다. 마을 인근에 울창한 숲이 있다면 그 숲에는 대개 신림, 즉 신의 나무들이 있습니다. 신림 주변에 서낭당이 있습니다. 숲이 없다면 마을 입구나 경계 지점에 돌무더기나 장승으로 서낭당을 만듭니다. 어느 지점에 서낭당이 있다는 말은 그 인근에 마을이 있다는 뜻입니다. 서낭당은 마을 경계를 가리킵니다.

[그림 3] 서낭당 풍경[4]

서낭당 주변 나무에는 파랑, 하양, 빨강, 검정, 노랑 오방색실이 묶여 있습니다. 오방색실은 사악한 기운을 물리치고 복을 부른다는 무속 상징입니다. 서낭당 주변에 금줄이 쳐져 있기도 합니다. 마을 수호신의 존재를 믿은 한국인들. 마을 공동체의 안녕을 간절히 기원했다는 말입니다. 마을의 안녕을 바라는 마음이 없었다면 서낭당이 만들어질 이유가 없습니다.

마을 신목을 서낭당처럼 받드는 사례도 있습니다. 신목 앞에서 마을의 안녕을 비는 경우도 많았습니다. 하회마을 신목이 그렇습니다. 마을마다 마을의 역사만큼이나 오래된 나무가 많습니다. 오래된 나무들이 존경받습니다. 경주 계림의 나무들은 온통 신목 같습니다. 그 나무 하나하나가 경주의 수호신 같습니다.

한국인은 마을의 수호신을 경배하는 의례를 창안합니다. 그 의례가 굿입니다. 예로부터 마을 사람들은 서낭신에게 마을의 안녕과 풍요를 기원했습니다. 대표적인 마을굿이 있습니다. 하회별신굿탈놀이입니다. 탈놀이의 본질이 서낭신에게 바치는 의례입니다. 줄거리는 이렇습니다.

---

[4] 문화포털 유튜브 채널(https://www.youtube.com/watch?v=XK9ITw4-JRg)에서 이미지 캡처

옛날 허도령이라는 청년이 있었다. 허도령은 꿈에 마을의 수호신으로부터 가면 제작의 계시를 받았다. 이튿날 허도령은 목욕재계하여 집안에 외인의 출입을 막는 금줄을 치고 전심전력으로 가면 제작에 몰두했다. 그때 허도령을 몹시 연모하는 처녀가 있었다. 처녀는 여러 날을 기다렸으나 허도령을 볼 수가 없었다. 약속한 금기의 백일을 하루 앞둔 날, 허도령이 무엇을 하는지 궁금했던 처녀가 그 모습이나 보고자 창에 구멍을 뚫어 엿보고 말았다. 금단의 계율을 어긴 것이다. 입신지경이던 허도령은 그 자리에서 피를 토하고 숨을 거두었다. 그래서 마지막으로 만들던 이매탈은 턱이 없이 남게 되었다. 그 후 처녀도 번민하다가 마침내 죽었다. 마을 사람들은 처녀의 넋을 위로하기 위하여 서낭신으로 고이 모시고 해마다 당제를 올리고 특별히 10년마다 별신굿을 벌여 왔다고 한다.[5]

전설에는 금기 준수와 금기 위반 규칙이 있습니다. 마을 수호신으로부터 가면 제작을 계시받은 허도령은 집 밖에 금줄을 칩니다. 부정을 막기 위해서입니다. 공교롭게도 허도령을 연모한 마을 처녀가 백일 금기를 위반합니다. 그것도 백일을 하루 앞두고 벌어진 일입니다. 허도령은 그 자리에서 피를 토해 죽습니다. 처녀도 마침내 죽습니다. 마을 사람들이 처녀의 넋을 위로하기 위해 서낭신으로 모시고 해마다 당제를 올린다고 합니다.

하회별신굿탈놀이에 이런 배경 전설이 있습니다. 하회별신굿탈놀이

---

[5] 한국민속대백과사전(https://folkency.nfm.go.kr/kr/topic/detail/5694)에서 하회별신굿탈놀이 줄거리 인용

의 마당은 이렇습니다. 서낭당 서낭신을 태우고 입장하는 무동 마당, 부정을 몰아내고 복을 부르는 주지 마당, 소를 잡는 백정 마당, 고단한 질곡의 삶을 희화한 할미 마당, 타락한 중을 풍자하는 파계승 마당, 지배층의 허위를 풍자하는 양반 마당과 선비 마당, 허도령과 처녀를 위무하는 혼례 마당과 신방 마당, 무당이 연행하는 헛천거리굿이 하회별신굿탈놀이의 마당입니다.

하회별신굿탈놀이는 마을 수호신만을 즐겁게 하지는 않을 겁니다. 탈놀이는 참여자는 물론 마을 주민들까지 덩달아 즐겁습니다. 마을의 수호신인 서낭신에게 바치는 탈놀이가 서낭신은 물론 마을 주민들 모두를 위로하고 즐겁게 합니다. 대동돌이가 따로 없습니다.

서낭 신앙의 유래를 중국 성황 신앙으로 설명하기도 합니다. 이와는 반대로 우리 민족 고유 신앙으로 설명하기도 합니다. 한민족이 한반도에서 삶을 영위하면서 서낭신 신앙이 자연스럽게 형성되었다는 게 민족 고유설의 요체입니다. 한반도 조상들은 고대부터 하늘, 땅, 산, 강, 물, 돌에 신성한 신이 내재해 있다고 믿었습니다.

서낭당은 대개 신목 인근에 있습니다. 신목이 없다면 장승이 서낭당 곁에 서 있습니다. 서낭당 신목은 그 기원이 단군신화까지 거슬러 올라갑니다. 단군신화의 환웅은 3천 무리를 이끌고 태백산 신단수 아래에 강림했습니다. 이 신단수가 바로 신목입니다.

한국의 무속신앙에서 나무는 하늘과 땅, 신과 사람을 이어 주는 매개로 받들어집니다. 특히 당나무가 그렇습니다. 한국인들은 신목이 된 당나무를 함부로 대하지 않았습니다. 영험하게 받들었습니다. 영험한 힘이 있다고 존경했습니다. 서낭당 신목은 우주 나무입니다. 신목이 점점 사라지고 있습니다. 우주 나무가 사라지고 있습니다.

4. 한국문화의 뿌리

　나무에는 뿌리가 있습니다. 한국문화도 그렇습니다. 한국문화에 뿌리가 있습니다. 한국문화가 뿌리 없이 현상으로만 존재하는 게 아닙니다. 그 뿌리를 찾는 게 쉬운 작업은 아닙니다. 뿌리를 구성하는 내용물도 한둘이 아닙니다. 그 내용물 한가운데 무속신앙이 있습니다. 무속신앙이란 뿌리가 한국문화의 지평을 넓혀 왔습니다.

　무속신앙은 굿으로 표현됩니다. 굿은 지역마다 그 유형이 다릅니다. 그렇지만 목적은 하나입니다. 풀고 빌고 위로하는 데 있습니다. 이 과정에서 음악과 춤이 등장합니다. 사설도 등장합니다. 음식도 나옵니다. 종합예술입니다. 신과 사람이 함께하는 드라마입니다. 굿은 미신이 아닙니다.

　굿은 한판 잔치입니다. 축제입니다. 난장입니다. 신명입니다. 일상의 구속과 질서가 전복됩니다. 참여자들이 즐겁습니다. 굿을 미신으로 부르는 건 식민 통치의 유산입니다. 일제강점기를 거치며 굿이 미신으로 불립니다. 바로 잡아야 할 식민 유산입니다.

　강릉에서는 매해 강릉단오제가 열립니다. 강릉단오제는 유네스코 인류무형문화유산입니다. 강릉단오제는 강릉의 잔치입니다. 초대된 만신은 음악과 춤으로 신을 즐겁게 하고 사람들을 위로합니다. 굿은 사람들의 슬픔을 기쁨으로, 한을 신명으로 전환합니다. 강릉단오제가 유네스코 문화유산으로 지정된 이유가 바로 여기에 있습니다. 공동체를 살리는 지역 축제로 인정받은 겁니다.

[그림 4] 강릉단오제 단오굿 장면[6]

사람의 탄생은 축복을 받아야 합니다. 그러나 사람이 항상 축복받으며 사는 건 아닙니다. 사람의 삶에는 여러 어려움이 있습니다. 그러면 삶을 포기해야 할까요? 그렇지 않습니다. 살아야 합니다. 살아야 할 이유가 있어서 사는 게 아닙니다. 일단 사는 겁니다. 삶 그 자체가 사는 이유입니다.

마을의 안녕도 그렇습니다. 마을이 늘 안녕한 건 아닙니다. 자연 재난으로 마을이 위기에 빠질 수 있습니다. 마을의 누군가가 흉한 일을 겪을 수도 있습니다. 한국인은 예로부터 살아야 할 이유를 무속신앙에서 얻어 갑니다. 마을의 안녕도 무속신앙에 기원합니다. 무속신앙은 논리적 설득으로 이뤄지지 않습니다. 어떤 각성으로 이뤄지지도 않습니다.

그건 순간적인 영적 체험으로 이뤄집니다. 굿판에서 같이 놀다 보면 어느 순간 닫힌 마음이 열립니다. 어느 순간 닫힌 마음에서 눈물이 쏟아집니다. 이 체험은 언어로 표현되지 않습니다. 이 체험은 굿판에서 순간

---

[6] 문화유산채널 유튜브 채널(https://www.youtube.com/watch?v=__IkhR5PC9M)에서 이미지 캡처

적으로 승화합니다. 이럴 때 굿판은 신명의 난장입니다. 또한 풀림의 축제입니다.

　국내 이동이 어려운 시절입니다. 코로나19 때문에 그렇습니다. 국내 이동이 자유로운 날이 오면 강릉단오제를 다녀오십시오. 만신들의 굿판을 보십시오. 영적인 체험을 하라는 게 아닙니다. 강릉단오제 굿을 한국문화로 보라는 겁니다. 강릉단오제의 굿을 한국음악, 한국춤 공연으로 보라는 겁니다. 영적 체험 이런 건 나중 일입니다. 여러분들은 굿을 한국문화로 체험하면 됩니다. 굿, 한국문화로 받아들이면 쉽게 다가갈 수 있습니다.

제11장 한국인의 죽음

1. 이승과 저승의 경계

이 글을 읽는 여러분들 대부분 청년 세대입니다. 청년, 참 듣기 좋은 말입니다. 『우리말 사전』은 청년을 이렇게 뜻풀이합니다.

> **청년:** 신체적·정신적으로 한창 성장하거나 무르익은 시기에 있는 사람.

한창 성장하는 시기에 있는 사람이 청년입니다. 한창 성장하는 시기! 그렇다면 죽음을 생각할 시기가 아닙니다. 자기 삶에는 죽음이란 게 없다고 여길 시기입니다. 인생의 진실은 이렇습니다. 영원한 청년은 없다는 게 인생의 진실입니다. 누구나 청년 시기를 거칩니다. 청년 시기에 정박하는 게 아닙니다. 청년 시기를 거치는 겁니다.

로마 시대의 격언 메멘토 모리(Memento mori, 죽음을 기억하라)가 그냥 나온 게 아닙니다. 메멘토 모리, 죽음을 미리 대면하라는 말입니다. 해외 원정에서 승리한 로마 장군이 고향에서 행진합니다. 그가 마차를 타고 시가를 행진합니다. 장군의 기분이 당연히 우쭐할 수 있습니다. 그 장군이 탄 마차 뒤에서 노예들이 외칩니다. 죽음을 기억하라는 외침입니다. 로마 시대의 개선식 전통입니다.

참으로 지혜로운 개선 행진입니다. 승리에 취하지 말라는 메시지입니다. 승리보다는 겸손을 생각하라는 메시지입니다. 장군 혼자 이끈 승리가 아니라는 겁니다. 승리에 취한 자는 죽음을 생각하지 않습니다. 그 승리가 영원할 거라고 착각합니다. 착각에 그치지 않습니다. 자신의 몰락을 자초할 수도 있습니다. 그래서 죽음을 생각하라는 외침이 터진 겁니다.

[그림 1] 네덜란드 풍속화가 프란스 할스(Frans Hals)의 작품

메멘토 모리, 인생을 슬프게 살라는 말이 아닙니다. 메멘토 모리, 인생을 뜻깊게 살라는 말입니다. 사람의 목숨, 유한합니다. 무한하지 않습니다. 잘 살아야 합니다. 여기서 '잘'의 맥락이 소중합니다. '잘 살아야 합니다'는 '죽음을 기억해야 합니다'의 뜻입니다. 죽음을 기억하는 삶이 온전한 삶이라는 겁니다.

청년 세대들이 메멘토 모리의 세대로 살면 어떨까요. 그러면 유한한 자기 인생을 더 사랑하지 않을까요. 여러분은 지구별에서 유일한 한 명으로 존재합니다. 여러분은 지구별에서 가족으

---

1 네덜란드 풍속화가 프란스 할스의 작품 「해골을 든 소년」. 영어판 위키피디아(en.wikipedia.org)에서 이미지 캡처

로, 동기로, 팀원으로 살아가고 있습니다. 그래도 여러분은 유일한 한 명으로 존재합니다. 여러분이 사랑하는 삶을 살아야 하는 이유입니다.

한국인들은 메멘토 모리의 지혜로 살아왔습니다. 한국인들은 예로부터 죽음을 기억하고 인정하며 살아왔습니다. 더 설명하면 이렇습니다. 한국인은 이승의 삶과 저승의 삶이 따로 있다고 믿어 왔습니다. 이승, 산 사람이 사는 세상입니다. 저승, 죽은 사람이 사는 세상입니다. 한국인들은 저승이 이승과 멀지 않다고 믿습니다. 이런 한국 속담이 있습니다. "대문 밖이 저승이라."

한국인들은 저승이 대문 밖에 있다고 여겼습니다. 한국인들은 저승이 집과 떨어진 저 멀리 어딘가에 있다고 여기지 않았습니다. 멀어야 골목 입구나 마을 입구 정도에 저승이 있을 거라 여겼습니다. 대문 밖이 저승이라고 여긴 겁니다. 한국인들은 저승이 가깝다고 여깁니다. "대문 밖이 저승"이라는 속담에는 삶과 죽음이 그리 먼 관계가 아니라는 뜻이 내포되어 있습니다.

우리나라의 전통 장례를 대표하는 문화가 상여입니다. 상여꾼들이 부르는 소리가 상엿소리입니다. 상엿소리, 한국인의 죽음관이 집약된 한국인의 랩입니다. 상엿소리의 가사는 이렇습니다.

어허 어허 여기넘차 어허
어허 어허 여기넘차 어허

못가겠네 못가겠네
차마 정두고 못가겠네
어허 어허 여기넘차 어허

고생살이를 못 면하고
북망산천을 가는구나
어허 어허 여기넘차 어허

저승길이 머다드니
대문밖이 저승이네
어허 어허 여기넘차 어허

앞산에 두견새야
너도 나를 기다리나
어허 어허 여기넘차 어허

뒷산에 접동새야
너도 나를 기다리나
어허 어허 여기넘차 어허
명사십리 해당화야
너는 다시 피련마는
어허 어허 여기넘차 어허

우리 인생 한번 가면
다시오기 어려워라
어허 어허 여기 넘차 어허

두견 접동아 우지 마라

나도 너를 찾아 간다
어허 어허 여기 넘차 어허

명정공포가 앞을 서니
저승길이 분명코나
어허 어허 여기 넘차 어허

만나보자 만나 자
울 아버지를 만나보자
어허 어허 여기 넘차 어허

잘있으라 나는 간다
저승길을 찾아간다
어허 어허 여기 넘차 어허[2]

이 상엿소리에 대문 밖이 저승이라는 표현이 보입니다. 죽음이 삶에서 멀리 있다는 게 아닙니다. 삶과 죽음의 경계가 멀다는 게 아닙니다. 삶과 죽음이 따로가 아니라는 겁니다. 삶과 죽음 앞에서 겸손해야 한다고 우리 속담과 상엿소리가 일깨웁니다. 상엿소리를 더 들어보십시오. 처음에는 망자가 차마 이승을 떠날 수 없다고 합니다. 나중에는 오히려 저승으로 가겠다고 자청합니다. 저승에서 '울 아버지'를 만나보자고 합니다.

---

[2] 박수관이 부른 상엿소리 가사이다. 가사는 음악 사이트 지니(genie)에서 인용

가사가 기막힙니다. 저승에서도 삶이 이뤄진다고 한국인들은 여긴 겁니다. 저승에 계신 '울 아버지'를 만나면 얼마나 반가울까요. 망자는 이승의 사람들에게 잘 있으라고 인사를 남깁니다. 저주를 남기는 게 아닙니다. 저승에서도 삶은 이루어진다고 믿은 한국인들입니다.

한국인의 죽음관에 의지해 만든 영화가 「신과 함께」 1편, 2편입니다. 원작은 주호민 작가의 웹툰입니다. 영화를 먼저 봤습니다. 이어서 웹툰을 봤습니다. 「신과 함께」 1편, 2편을 신파 영화로 혹평할 수 있습니다. 혹평이 능사는 아닙니다. 이 영화는 한국인이 상상하는 사후 세계를 판타지 방식으로 재현합니다. 한국 무속의 사신들이 등장합니다.

「신과 함께」 1편, 2편에 등장하는 차사들, 무척이나 인간적이었습니다. 무서운 저승사자로 등장하지 않습니다. 망자의 원혼을 풀어주는 치유자들이었습니다. 「신과 함께」 1편, 2편에서의 저승은 이승과 분리된 세계가 아닙니다. 이승의 삶과 저승의 삶이 인과응보로 연결되어 있습니다.

「신과 함께」 1편의 부제는 죄와 벌입니다. 이승에서 죄를 지으면 저승에서 벌을 받는다는 논리가 부제에 보입니다. 다만 이 논리가 기계적으로 적용되지는 않았습니다. 저승 차사들은 망자의 죄를 깎기 위해 애를 씁니다. 그럴 만한 이유가 있습니다. 이승에는 이승 법이 저승에는 저승 법이 있습니다. 「신과 함께」는 저승 법을 이렇게 소개합니다. 모든 인간은 사후 49일 동안 재판을 받습니다. 총 7번의 재판입니다. 김자홍은 살인, 나태, 거짓, 불의, 배신, 폭력, 천륜 지옥에서 7번의 재판을 받습니다. 김자홍이 이승에서 환생하기 위해서는 이 7번의 재판에서 무사해야 합니다. 이 재판의 변호사가 차사들입니다.

이 영화의 백미는 김자홍의 환생입니다. 김자홍은 재판을 받을수록 귀인과는 거리가 멀어 보입니다. 그런데 차사들은 김자홍이 환생해야 하는 귀인임을 밝힙니다. 이 밝힘이 쉽지는 않습니다. 고난과 역경의 밝힘입니다.

「신과 함께」는 천만 관객을 동원한 영화입니다. 미국과 유럽에서는 이렇게 인기를 끌 수가 없을 겁니다. 우리나라와 서양의 죽음관이 달라서입니다. 「신과 함께」는 한국문화를 코드로 만든 영화입니다. 한국인이라면 이 영화를 부담 없이 볼 수 있습니다. 반면 한국문화에

[그림 2] 「신과 함께」 제1편 -죄와 벌 포스터

익숙하지 않은 서양인들은 이 영화가 낯설 수 있습니다. 문화의 차이가 관객 반응의 차이로 이어질 수 있습니다.

2. 새롭게 시작하는 일상

1장에서 저는 여러분께 문화의 의미를 장례식을 예로 들어 말씀드렸습니다. 왜 사람들은 돈과 시간을 들여가며 장례식을 할까요? 이렇게 여러분께 질문하며 문화의 의미를 말씀드렸습니다. 망자의 삶을 기리기 위해 장례식을 치릅니다. 상주를 위로하기 위해 장례식을 치릅니다. 상생하기 위해 장례식을 치릅니다.

장례를 치를수록 우리는 메멘토 모리의 지혜를 성찰하게 됩니다. 장례의 본질은 메멘토 모리의 지혜를 망각하지 않는 데 있습니다. 메멘토

---

3 위키백과(https://ko.wikipedia.org/wiki)에서 이미지 캡처

모리를 성찰할수록 우리는 우리를 더 귀중히 사랑하게 됩니다.

　이승에서의 지위, 재산, 명예가 중요하지 않다는 말이 아닙니다. 지위, 재산, 명예 이게 왜 중요하지 않을까요. 이런 거 무시하며 살라고 말하고 싶지 않습니다. 다만 이게 전부가 아니라고 말하고 싶습니다. 집착하지 않아야 한다고 말하고 싶습니다. 지위, 재산, 명예를 이룰수록 메멘토 모리를 성찰해야 합니다.

　메멘토 모리를 성찰하자는 말은 삶을 성찰하자는 말입니다. 메멘토 모리를 되새기며 자신의 삶을 언제나 새롭게 시작하는 삶으로 성찰하자는 겁니다. 이렇게 생각해 볼까요. 아침에 눈을 뜹니다. 잠에서 깬 겁니다. 하루가 시작됩니다. 정오를 거쳐 저녁이 옵니다. 해가 집니다. 잠을 잡니다. 다시 아침에 눈을 뜹니다. 하루의 일상을 단순하게 정리하면 이렇습니다.

　아침에 눈을 뜨는 건 습관이 아닙니다. 기적입니다. 기쁨입니다. 아침에 눈을 뜬다는 건 새로운 일상이 열린다는 겁니다. 아침에 눈을 뜨니 태양이 서쪽에서 뜨더라. 이게 기적이 아닙니다. 오늘도 해는 동쪽에서 뜨고 내가 눈을 떴다는 게 기적입니다.

　코로나19 사태의 교훈을 잊지 않아야 합니다. 어떤 교훈일까요? 일상의 가치입니다. 일상을 무의미한 반복으로 여길지 기적으로 여길지는 우리의 몫입니다. 그럴 만한 이유가 있습니다. 우리가 언제나 아침에 눈을 뜨는 게 아니어서 그렇습니다.

　네, 압니다. 일상이 늘 편하지는 않습니다. 사고와 사건을 겪는 일상에 엮일 수도 있습니다. 어떤 일상에서는 사랑하는 이와 헤어질 수도 있습니다. 제주 어른들이 많이 쓰는 말이 있습니다. '살암시민 살아진다' 살다 보면 살 수 있다는 말입니다. 깊은 위로를 주는 말입니다.

누구나 더 즐거운 일상을 만들어 갈 의무가 있습니다. 어제의 일상보다 오늘의 일상이 더 즐거워야 합니다. '살암시민 살아진다'의 정신으로 오늘의 일상을 살고 내일의 일상을 준비해야 합니다. 김소월 시인의 시 한 편 같이 읽어보기로 하지요. 「초혼」입니다.

산산이 부서진 이름이여!
허공 중(虛空中)에 헤어진 이름이여!
불러도 주인(主人) 없는 이름이여!
부르다가 내가 죽을 이름이여!

심중(心中)에 남아 있는 말 한 마디는
끝끝내 마저 하지 못하였구나.
사랑하던 그 사람이여!
사랑하던 그 사람이여!

붉은 해는 서산(西山) 마루에 걸리었다.
사슴의 무리도 슬피 운다.
떨어져 나가 앉은 산(山) 위에서
나는 그대의 이름을 부르노라.

설움에 겹도록 부르노라.
설움에 겹도록 부르노라.
부르는 소리는 비껴 가지만
하늘과 땅 사이가 너무 넓구나.

선 채로 이 자리에 돌이 되어도

부르다가 내가 죽을 이름이여!

사랑하던 그 사람이여!

사랑하던 그 사람이여!

-김소월 「초혼」[4]

일상의 위기는 순식간에 나타납니다. 시적 화자의 일상에 위기가 찾아옵니다. 사랑하는 이를 잃은 위기입니다. 시적 화자는 이 위기에 자기를 넘겨주지 않습니다. 천천히 다시 읽어 보겠습니다.

「초혼」, 1925년에 발표된 시입니다. '초혼'은 우리나라 전통 장례 절차입니다. 사람이 죽으면 혼이 떠난다고 한국인들은 믿습니다. 한국인들은 떠난 이의 이름을 세 번 부릅니다. 혼이여, 돌아오소서 이런 뜻으로 떠난 이의 이름을 부릅니다. 지역에 따라서는 지붕에서 망자의 이름을 부르기도 합니다. 영화 「축제」, 「학생부군신위」에 초혼 장면이 등장합니다.

시적 화자는 누군가를 잃었습니다. 그 누군가는 부모일 수도 벗일 수도 나라일 수도 있습니다. 누군가를 잃은 시적 화자의 슬픔이 애통합니다. 그 애통이 서서히 확대됩니다. 1연에 비해 2연이, 2연에 비해 3연이, 3연에 비해 4연의 애통이 큽니다. 얼마나 애통하면 설움에 겹도록 부르는데, 하늘과 땅 사이가 너무 넓다고 할까요. 하늘과 땅 사이, 즉 우주를 애통으로 다 채울 심사입니다.

그런데 「초혼」은 애통으로 마무리되지 않습니다. 시 「초혼」의 압권은 마지막 연입니다. 선 채로 이 자리에 돌이 되어도 사랑하던 그 사람을 기

---

[4] 김소월, 『김소월 시집 진달래꽃』, 알에이치코리아, 2020, pp.68~69.

억하겠다는 시적 화자의 강렬한 의지가 보여서 그렇습니다. 상실에 대한 애통으로 시작한 시가 마지막 연에 와서 반전합니다. 시적 화자는 사랑하는 이를 강렬히 부릅니다. 사랑하는 사람은 부재하지만 그래도 부른다는 겁니다.

시적 화자는 사랑하는 이의 상실과 더불어 회생을 상상하는 겁니다. 시적 화자는 상실을 삶의 끝으로 간주한 게 아닙니다. 시적 화자의 의식은 상실에서 회생으로 전환됩니다. 한국인이 이렇습니다. 한국인은 상실에서 회생을 기대합니다. 고난과 역경을 감내하며 새로운 일상을 준비하는 한국인입니다.

3. 난장으로서의 죽음

요한 호이징하(Johan Huizinga, 1872~1945)는 인간을 놀이의 존재로 정의했습니다. 호이징하의 저서 『호모 루덴스』[5]에서 놀이의 의미를 사려 깊게 고찰합니다. 이 탁월한 인류학자는 인간의 본성을 놀이로 정의했습니다. 탁견입니다. 인간은 죽음마저도 놀이로 승화하는 지구상의 유일무이한 존재입니다. 이 놀이가 문화의 원동력이라는 겁니다. 이 정의는 한국인의 장례에도 적용될 수 있습니다.

한국인의 장례? 이렇게 말할 수도 있습니다. 한국인의 장례는 병원 장례식장에서 치러진다고요. 틀린 말은 아닙니다. 종종 병원 장례식장을 다녀옵니다. 문상을 위해서 그렇습니다. 시대가 더 변하면 병원 장례식

---

[5] 우리나라에서는 1981년 김윤수가 까치출판사에서 번역 출간하여 대중들에게 알려진 책이다.

장을 대체하는 방식이 나올 수 있습니다. 병원 장례식장의 장례가 옳지 않은 방식이라고 말하기 어렵습니다. 과거 장례 방식이 옳고 지금의 방식은 그른 게 아닙니다.

이런 구분보다 더 중요한 건 슬픔을 나누는 위로의 마음입니다. 슬픔은 나누고 기쁨은 보태는 겁니다. 슬픈 일도 같이 슬퍼하고 기쁜 일도 같이 기뻐하는 겁니다. 뭐 하나 쉽게 지나칠 게 아닙니다. 병원 장례식장의 장례에서도 슬픔을 나눌 수 있습니다.

전통 장례는 예로 하는 장례입니다. 상주와 유족의 슬픔이 여간 큰 게 아닙니다. 병원 장례도 그렇습니다. 병원 장례도 예로 하는 장례입니다. 예의 방식과 표현이 다를 뿐입니다. 본질은 우리가 망자 존중과 유족 위로의 마음으로 장례식장에 가느냐에 있습니다. 장례식장에서 조문객은 상주를 위로합니다. 형편에 따라 조의금을 전합니다. 상주는 조문객에게 식사를 냅니다. 위로의 말이 더 오갈 수 있습니다. 이 위로가 장례식의 본질입니다.

우리 영화 중에는 한국인의 장례를 탁월하게 그린 작품으로 임권택 감독의 「축제」가 있습니다. 또 한 편의 보물 같은 작품이 있습니다. 바로 박철수 감독의 「학생부군신위」입니다. '학생부군신위'는 지방입니다. 한국인들은 명절이나 제사 때 지방으로 조상의 위패를 대신합니다. 제사를 지내면 지방을 불태웁니다.

부친이 고인인 경우는 현고학생부군신위(顯考學生府君申位)라고 씁니다. 배우는 학생으로 인생을 살다가 돌아가신 아버지의 신령이시여 이런 뜻입니다. 생전에 관직이 있으면 관직을 쓰고 없으면 학생을 주로 씁니다.

영화 「학생부군신위」는 1996년 박철수 감독 작품입니다. 영화의 영어 제목이 재미있습니다. 'Farewell My Darling'입니다. 슬프게 작별하는 게 아니라 기분 좋게 작별하자는 겁니다. 고인과 산 자들이 말입니다. 영화에서 고인으로 등장하는 인물은 박노인입니다.

[그림 3] 「학생부군신위」 상갓집에 등장한 인물들

영화 시작 장면이 상징적입니다. 영화 시작 장면에서 생명이 탄생합니다. 어느 여인의 출산이 시작 장면을 채웁니다. 이 시작 장면, 박노인의 꿈입니다. 꿈을 깬 박노인이 이부자리에서 일어나 식사를 하는 둥 마는 둥 합니다. 새 생명 탄생의 시작 장면에 뒤잇는 박노인의 기상, 이어지는 박노인의 자전거 행. 자전거를 타고 동네 다방으로 가려던 박노인이 사망 사고를 겪습니다.

생명 탄생과 박노인의 죽음. 영화의 절묘한 시작입니다. 영화의 시작 장면은 새로운 생명도 언젠가는 죽음에 도달한다, 박노인도 과거에는 새 생명이었다는 의미로 이해됩니다.

박노인의 사망 소식을 듣고 큰아들 찬우가 영화 촬영을 접고 고향으로 내려옵니다. 큰아들 찬우는 박철수 감독의 분신입니다. 아버지의 사망 사고 소식이 자식들에게 전해집니다. 큰아들 찬우가 맏상제입니다. 맏상제 역할은 마을의 일가 어른이 맡습니다. 찬우가 고향을 오래 비운 까닭입니다.

상가가 완전히 잔칫집 분위기입니다. 마을 사람들이 돼지를 잡습니

---

6 2008년 10월 3일 『한겨레신문』(http://www.hani.co.kr)에서 이미지 캡처

다. 잡은 돼지를 삶아 나눠 먹습니다. 마당에서는 음식 차림으로 마을 아낙들이 정신없습니다. 박노인 집안 가족들은 울며불며 등장합니다. 마을 사람들도 상갓집에 등장합니다. 지역의 정치인들도 문상을 옵니다. 박노인이 즐겨 찾던 다방의 마담도 문상을 옵니다. 박노인이 사망하자 박노인의 집에 사람들이 득시글합니다. 박노인 집이 잔칫집 같습니다.

드잡이 장면도 나옵니다. 상가를 방문한 정치인들이 상주들 앞에서 난리를 칩니다. 이 정도면 그냥 잔칫집이 아닙니다. 막 나가는 잔칫집 같습니다. 상가가 잔칫집이라니요? 여기서 호이징하의 '인간은 놀이의 존재'라는 명제를 환기하면 좋습니다. 이 영화의 등장인물들은 박노인 상갓집에서 놀고 있습니다. 죽음과 장례를 놀고 있는 겁니다. 죽음과 장례의 통상적 이미지, 슬픔입니다. 기쁨과 반가움이 아닙니다. 그런데 어떻게 해서 이 영화의 등장인물들은 죽음과 장례를 놀고 있을까요?

여기서 말하는 '놀고'의 뜻은 '무례하다'가 아닙니다. 여기서 말하는 '놀고'의 뜻은 '죽음'을 '삶'으로 승화한다는 겁니다. 승화는 삶의 방식과 문화가 진화한다는 겁니다. 바뀐다는 겁니다. 죽음이 삶으로 바뀐다는 겁니다. 죽음을 진지하게 대할 수 있습니다. 장례를 엄격한 예로 치를 수 있습니다. 그러면 삶은 어찌 될까요?

"이럴수록 슬픈 상주들 달래주고 고인은 집 한 번 둘러보고 동네 사람들 맛있는 음식 나눠 먹고 그래야 너그 아버지 좋은 데 가는 거"라는 「학생부군신위」의 대사를 떠올리면 좋겠습니다.

이 영화의 등장인물들이 상갓집에서 노는 이유가 이런 겁니다. 슬픈 상주 달래기, 고인 집 둘러보기, 동네 사람들 음식 나눠 먹기. 이를 위해 노는 겁니다. 흥청망청 노는 게 아닙니다. 상주, 망자, 조문객을 위해 노는 겁니다. 이럴 때 놀이는 슬픔에 사로잡힌 상주를 위로합니다. 그렇지 않아도 죄의식에 마음이 무거운 상주입니다. 이런 상주의 마음을 더 힘들게 할 이유가 없습니다.

망자도 그렇습니다. 한국인들은 저승의 삶도 소중히 여깁니다. 한국인들은 망자가 저승으로 잘 가기를 바랍니다. 이를 위해 한국인들은 망자가 자신이 살던 집을 잘 둘러보고 가기를 바랍니다. 반대로 한국인들은 망자의 혼이 집으로 돌아오기를 바라기도 합니다.

조문객 대접도 소홀히 할 일이 아닙니다. 슬픔을 나누기 위해 먼 길 마다하지 않고 상가를 찾으신 분들입니다. 이분들이 상가를 상가답게 만듭니다. 한국인, 예로부터 슬픔을 나눠 왔습니다. 한국인, 예로부터 메멘토 모리의 지혜를 보여 왔습니다. 참으로 지혜로운 한국인, 한국문화입니다.

4. 메멘토 모리의 성찰

우주에서 변하지 않는 건 단 하나도 없습니다. 일 년 사계절은 고정된 실체가 아닙니다. 봄은 여름으로 변합니다. 여름은 가을로 가을은 겨울로 변합니다. 그리고 겨울은 봄으로 변합니다.

사람도 변합니다. 사람은 누구를 만나느냐에 따라 긍정적으로 변하기도 하고 그렇지 않기도 합니다. 아이에서 어린이로 어린이에서 청소년으로 청소년에서 청년으로 이렇게 변합니다. 사계절의 변화는 순환하는 변화입니다. 반면에 사람의 변화는 순화하는 변화가 아닙니다. 언젠가는 끝을 보는 변화입니다. 우주의 시간은 무한합니다. 사람의 시간은 유한합니다.

사람의 시간이 아무리 길어 보여도 그렇지 않습니다. 불가에서는 이를 찰나(刹那)라고 합니다. 찰나는 순간이란 뜻을 지닌 산스크리트어 '크샤나'의 음역입니다. 사람의 일생은 찰나에 불과하다는 겁니다.

찰나의 인생. 소중한 인생입니다. 메멘토 모리를 성찰하는 청년은 그렇지 않은 청년보다 일상을 소중히 가꿀 수 있습니다. 메멘토 모리를 성찰할수록 버리고 취해야 할 삶의 가치들이 분명해집니다. 메멘토 모리를 성찰할 그 어떤 계기가 여러분들에게 반드시 찾아옵니다. 한 번이 아니라 몇 번 찾아올 겁니다.

이 소중한 인생의 보람을 공자는 배움에서 찾습니다. 배움으로 자기를 채운 어른이 공자입니다. 저는 여러분에게 문화를 즐기며 살아가 보라고 말하고 싶습니다. 여러분은 문화로 자기를 채워 보십시오.

한국인은 예로부터 메멘토 모리의 지혜를 일상에서 실천했습니다. 그런 까닭에 이승 바로 옆에 저승이 있다고 믿었습니다. 저승이 멀리 있다고 여긴 게 아닙니다. 대문 앞이 저승이라고 여긴 겁니다. 죽음을 바로 지척에 두고 살아간 한국인들입니다. 또한 한국인들은 저승에는 저승의 삶이 있으리라 믿습니다. 그리고 저승과 이승은 어떤 식으로든 연결되어 있다고 믿습니다. 이승과 저승을 마치 한 사물의 두 면처럼 본 겁니다.

메멘토 모리의 지혜를 보이는 한국인들은 예로부터 독특한 장례 풍속을 연출했습니다. 이를 재현한 영화가 「축제」와 「학생부군신위」입니다. 특히 「학생부군신위」는 한국 장례문화의 놀이적 성격을 재현하고 있습니다. 이 영화에 등장하는 조문객들은 상주 혼자 장례를 치르게 하지 않았습니다. 마을 조문객들은 초상집에서 먹고 마시고 말하며 놉니다. 때로는 드잡이도 합니다. 이들의 집단적 놀이는 상주를 위로하는 연행입니다. 상주를 위로한다는 건 상주 혼자 슬프게 하지 않는다는 겁니다. 조문객들이 상주와 함께 슬퍼한다는 겁니다. 그냥 슬퍼하는 게 아니라 놀이의 방식으로 슬픔에 시비를 겁니다.

    호모 사피엔스의 독창성은 장례문화의 창조에 있습니다. 한국인과 한국문화의 독창성은 놀이로서의 한국 장례문화에 있습니다. 놀이로서의 한국 장례문화가 점점 사라집니다. 오늘날 한국인의 장례는 대개 병원 장례식장에서 치러집니다. 저 역시도 병원 장례식장을 제법 다녀옵니다. 병원 장례식장의 장례를 옳지 않다고 말할 일은 아닙니다. 장례문화도 변하고 있으며 더 변할 겁니다. 어떻게 변하든 망자를 기리고 상주를 위로하는 장례문화의 본질이 사라지지 않으면 되는 겁니다.

제12장 문화를 체험하는 방법

1. 문화를 즐기는 기쁨

 문화는 암기 교과목이 아닙니다. 문화를 암기할 수도 없습니다. 문화의 범주와 영역이 워낙 방대하기에 그렇습니다. 한국문화는 한국인의 삶이 형성한 문화입니다. 한국문화의 역사는 한반도 역사만큼이나 오래되었습니다. 한국인의 삶도 시대에 따라 복잡하게 전개됩니다. 한국문화가 암기 교과목이 아니라는 또 하나의 이유입니다.

 암기 공부가 온통 문제 있는 건 아닙니다. 암기는 공부의 요령입니다. 선조들은 사서삼경을 암기했습니다. 사서삼경을 반복해 암기하는 과정에서 문리가 자연스레 트입니다.

 암기 공부보다 더 좋은 게 즐기는 겁니다. 특히 문화가 그렇습니다. 문화는 어떤 상태의 변화를 말합니다. 문화의 '화(化)'가 그런 뜻입니다. '화(化)'는 '되다', '변하다'의 뜻입니다. 원래 상태로 머물러 있는 게 '화

(化)'가 아닙니다. 문화는 어떤 상태에서 또 다른 어떤 상태로의 '됨'이며 '변함'입니다. 두 상태가 같지 않습니다. 후자는 질적인 변화를 동반합니다. 요컨대 문화는 질적인 변화를 지향합니다. 예를 들면 이렇습니다.

 망자의 죽음은 자연적 상태입니다. 망자의 죽음을 기리는 행위는 자연적 상태가 아닙니다. 이는 문화적 상태입니다. 망자의 죽음을 기리는 사람들의 행위가 장례식입니다. 장례식은 망자의 죽음을 망자를 기리는 질적인 의례로 치환합니다.

 결혼식은 어떻습니까? 사랑하는 남녀는 함께 살기를 바랍니다. 그렇지만 자기들 마음대로 아무렇게나 살 수는 없습니다. 이왕이면 자기들의 사랑을 많은 이들로부터 축하와 승인을 받기를 바랍니다. 남녀의 사랑은 자연적 상태입니다. 결혼식은 남녀의 사랑을 부부의 사랑으로 치환하는 의례입니다. 장례식, 결혼식 모두 모두 문화입니다.

 장례식, 결혼식은 혼자 치르는 퍼포먼스가 아닙니다. 집단 의례입니다. 장례식은 망자, 상주, 조문객의 집단 의례입니다. 이 집단 의례는 망자를 기리고 산 자의 슬픔을 나눕니다. 결혼식은 신랑, 신부, 양가 부모, 친인척, 친구, 주례의 집단 의례입니다. 이 집단 의례는 신랑 신부를 축하하고 기쁨을 보탭니다.

 문화를 즐기라는 말의 의미는 이렇습니다. 문화를 즐기는 주체는 바로 여러분입니다. 저도 문화를 즐기는 주체일 수 있습니다. 사람들은 자기 삶이 퇴보하지 않기를 바랍니다. 사람들은 자기 삶이 진보하기를 바랍니다. 인지상정이며 순리입니다.

 여러분이 어떤 문화를 즐긴다는 건 그 문화를 받아들인다는 겁니다. 받아들인다는 건 너른 수용을 말합니다. 문화를 받아들이는 삶은 진보합니다. 퇴보하지 않습니다. 다양한 문화를 받아들인 사람의 삶은 더 퇴보하지 않습니다.

　장례식장을 가끔 다녀옵니다. 그럴 때 조문객은 장례식의 문화적 요소를 널리 받아들이면 됩니다. 진심으로 망자를 기리고 상주를 위로하는 겁니다. 후다닥 다녀올 일이 아닙니다. 결혼식장은 그 반대입니다. 양가 어른과 부부를 기뻐하며 축하하는 겁니다. 축의금만 접수하고 집으로 올 일은 아닙니다. 이렇게 문화가 우리에게 요구하는 게 있습니다. 그 요구 내용은 천차만별입니다.

　한국 음식을 즐긴다는 건 한국 음식을 문화로 수용한다는 겁니다. 일본 음식을 즐긴다는 건 일본 음식을 문화로 수용한다는 겁니다. 한국 노래를 즐긴다는 건 한국 노래를 문화로 수용한다는 겁니다. 누가 수용한다는 말일까요? 바로 여러분입니다. 문화를 암기하고 판단하기에 앞서 먼저 즐겨야 합니다. 즉, 문화를 자연스레 내 삶으로 받아들이는 게 우선입니다.

[그림 1] 2019년 10월 하회마을 풍경

[그림 2] 2019년 10월 하회별신굿탈놀이 극장

  10월의 안동은 가을로 빛납니다. 특히 하회마을의 가을은 그림처럼 빛납니다. 들판의 벼들은 황금물결입니다. 유서 깊은 하회마을의 고택은 가을에 더 기품 있어 보입니다. 10월의 하회마을은 즐길 만한 한국문화의 유산입니다. 하회마을의 역사적 배경과 구조는 일단 뒤로 미룹니다. 10월의 하회마을, 그 일급의 풍경을 여러분이 온전히 즐기는 게 우선입니다.

  코로나19 바이러스 이전의 일상이 그립습니다. 그 일상이 언젠가는 우리 곁으로 올 겁니다. 그때 하회별신굿탈놀이 극장을 다녀오십시오. 그 극장에서 탈놀이를 즐기십시오. 탈놀이의 유래와 성격은 뒤로 돌리세요. 탈놀이의 신명을 여러분이 온전히 즐기는 게 우선입니다.

2. 문화를 즐기는 방법

　문화를 즐겨야 합니다. 문화를 누려야 합니다. 문화를 받아들여야 합니다. 즐기지 않고 누리지 않고 받아들이지 않는 문화는 문화가 아닙니다. 즐기고 누리고 받아들이는 문화는 내 삶을 바꾸는 문화입니다. 우리를 살리는 문화여야 하고 우리를 기분 좋게 하는 문화여야 합니다. 우리를 위로하는 문화여야 합니다.

　사람마다 문화를 즐기는 방법이 각각 다릅니다. 영화로, 뮤지컬로, 여행으로 사람들은 문화를 즐깁니다. 저도 영화로 뮤지컬로 여행으로 문화를 즐깁니다.

　여러분에게 추천하고 싶은 방법이 있습니다. 답사입니다. 저는 답사를 자주 다닙니다. 답사는 '현장에 가서 직접 보고 조사함'의 뜻입니다. 답사의 뜻풀이를 천천히 살펴보십시오. '현장에 가기'가 답사의 전제입니다. 다음으로는 '직접 보고 조사'함이라는 실천입니다.

　현장에 답이 있습니다. 현장은 언제나 기대 이상의 충족과 실망을 선물합니다. 충족, 실망 모두 현장의 성과입니다. 기대 이상의 충족도 현장 답사의 성과이며 기대 이하의 실망도 현장 답사의 성과입니다. 문화의 현장주의자 되기. 여기서부터 문화를 즐기는 지혜가 촉발됩니다. 현장에 가기 전에 참고문헌을 미리 보면 좋습니다.

　예를 들어보지요. 저는 대구 원도심 답사를 자주 합니다. 거주지가 대구여서 대구 원도심 답사를 자주 합니다. 시간 여유가 있으면 더 멀리 다녀옵니다. 서울 답사, 인천 답사, 부산 답사, 전주 답사, 군산 답사를 마다하지 않습니다. 대구 외 지역은 거리가 멀어 자주 답사할 수는 없습니다. 그래서 대구 원도심 답사를 자주 합니다.

오늘은 대구 원도심 중에 북성로 답사를 계획했습니다. 그러면 그냥 갈 일이 아닙니다. 북성로 관련 참고문헌을 정리하고 살펴보는 겁니다. 선 학습과 후 답사, 이렇게 하자는 겁니다. 원도심 답사를 할 때는 대중교통을 이용합니다. 버스와 지하철로 집에서 원도심에 도착합니다. 원도심에서는 주로 걷습니다. 답사의 매력은 걷기에 있습니다. 걷다 보면 평소 보이지 않던 원도심의 풍경이 눈에 들어옵니다. 그렇게 좋을 수가 없습니다. 원도심 답사는 걷기가 최적의 방법입니다.

대구 원도심에는 수백의 골목이 있습니다. 그 골목을 차로 다닐 수는 없습니다. 차로 신속히 이동하면 골목 풍경을 온전히 체감할 수 없습니다. 천천히 걷다 보면 골목 풍경이 보입니다. 풍경만 보이는 게 아닙니다. 골목의 역사, 스토리, 사건, 인물들이 보입니다.

답사는 한두 번으로 그치지 않아야 합니다. 수를 헤아리는 게 무의미합니다. 여러 번 답사하는 게 답입니다. 대구 원도심에는 진골목이라는 이름의 골목이 있습니다. 대구 원도심 대표 골목입니다. 진골목의 '진'은 경상도 방언입니다. 뜻은 '긴'입니다. 진골목은 긴골목입니다.

[그림 3] 2019년 10월 대구 진골목 풍경

[그림 4] 진골목을 답사하는 일본인 관광객

진골목의 물리적 길이는 길지 않습니다. 시간적 길이는 무척이나 깁니다. 골목 답사는 골목의 물리적 길이를 헤아리는 게 아닙니다. 시간적 길이를 헤아리는 게 골목 답사의 본령입니다. 진골목의 시간적 길이는 백 년의 시간을 상회합니다. 대구 진골목만 이러할까요? 백 년의 시간이 숨결처럼 베인 거리, 골목, 집들이 지역마다 있습니다. 답사를 겸손한 마음으로 해야 하는 이유입니다.

과거 대구에는 대구읍성이 있었습니다. 지금은 대구읍성이 없습니다. 대구읍성은 대구 감영을 보호하는 성입니다. 1906년 경상북도 관찰사 서리 박중양이 주도, 읍성을 철거합니다. 당시 대한제국 조정은 반대했습니다. 박중양은 대구 거주 일본인들의 요청을 받아들여 읍성을 철거합니다. 북성로는 대구읍성 북편 신작로입니다. 식민지 시대, 북성로는 일본인들의 집단 거주지이자 상업 요충지였습니다. 해방 이후 북성로는 서서히 공구가게로 변모합니다.

북성로의 타임라인이 이렇게나 복잡합니다. 답사 없이 인터넷 검색에만 의지하면 북성로의 실체를 전혀 알 수 없습니다. 북성로만 그런 게 아닙니다. 서울 종묘를 예로 말해 볼까요? 조선왕조는 종묘사직의 왕조입니다. 사극에서 신하들이 임금에게 이렇게 외칩니다. "종묘사직을 생각하소서" 그러면 임금의 얼굴이 굳습니다. 사실 신하들은 이렇게 외친 겁니다. "임금 노릇 똑바로 하시오!" 임금의 얼굴이 굳을 수밖에 없습니다.

종묘는 임금과 왕비의 신위를 모시는 사당입니다. 특히 정묘 정전에 임금과 왕비의 신위가 모셔져 있습니다. 종묘 정전에는 화려한 단청이 없습니다. 죽은 자의 집이어서 그렇습니다. 종묘 정전의 전체 크기는 사람을 압도합니다. 정전의 외양은 소박합니다. 그런데 한 번의 답사로는 종묘 정전의 특징이 발견되지 않습니다. 여러 차례 답사해야 조선왕조 수도 한양의 계획도시다운 특징과 그에 따른 종묘의 건축적 특징이 발견됩니다.

지역 원도심도 그렇습니다. 여러 차례 답사해야 합니다. 최근 들어 지역 원도심을 찾는 청년들이 많습니다. 지역 원도심에서 창업하는 청년이 늘고 있습니다. 지역 원도심을 스토리텔링하는 청년 작가도 등장합니다. 모두 좋습니다.

우선해야 하는 건 스스로 실천하는 지역 원도심 답사입니다. 스마트폰 검색은 그다음입니다. 스마트폰 검색으로 지역 원도심의 진가를 확인할 수 없기에 그렇습니다. 오류도 상당합니다.

검색보다 답사입니다. 답사는 여러분을 배신하지 않습니다. 내공이 더 쌓일 수 있습니다. 답사하면서 기록하면 좋습니다. 기록하는 답사가 기록하지 않는 답사보다 한 수 위입니다. 이럴 때 스마트폰이 요긴합니다. 스마트폰 카메라 화소가 DSLR 못지않습니다. 기록으로 남기고 싶은 풍경이 나타나면 스마트폰 카메라로 촬영하면 됩니다. 풍경만을 찍는 게 아닙니다. 관람 시설을 안내하는 실외 게시판도 일단 찍습니다.

예를 들면 이렇습니다. 경주 대릉원 입구에는 대릉원 조감도와 유래를 설명하는 게시판이 설치되어 있습니다. 유래가 궁금할 수 있습니다. 수첩에 펜으로 대릉원 유래를 기록할 수 있습니다. 이 방식은 스마트폰이 출시되기 이전에 주로 이뤄진 겁니다. 지금은 스마트폰 카메라로 찍고 답사를 마무리한 뒤, 집이나 연구실에서 사진을 참고하며 내용 정리를 하면 됩니다. 이 기록들이 언젠가 여러분들을 문화 전문가로 키울 겁니다.

스마트폰 카메라 사진을 클라우드에 자동 탑재되도록 환경을 설정하면 금상첨화입니다. 저는 그렇게 하고 있습니다. 클라우드 서비스를 제공하는 인터넷 업체가 워낙 많습니다. 클라우드의 장점이 큽니다. 언제 어디서나 자료에 접근할 수 있습니다. 클라우드에 탑재된 사진을 주제별, 시간대별로 정리하곤 합니다. 그러면 답사의 성과가 보입니다. 이를 토대로 수업 교안을 기획하거나 부탁받은 특강을 준비합니다. 때로는 신문 칼럼을 준비합니다. 학생들과 함께 원도심 독립출판물을 학교 후원을 받아 제작합니다. 이 모든 일의 출발이 스스로 하는 답사입니다.

3. 문화 체험의 시작

문화는 즐기는 겁니다. 문화는 누리며 받아들이는 겁니다. 2018년 9월 학생들과 함께 전주 군산 학술답사를 다녀왔습니다. 전주, 경기전과 한옥마을의 고장입니다. 경기전과 한옥마을을 빼고 전주를 이야기할 수 없습니다. 학생들이 한복을 입고 한옥마을을 답사했습니다. 한복을 입은 학생들의 모습이 보기 좋았습니다. 그런데 참 신기하지요. 한복을 입은 학생들이 한옥마을 답사에 더 재미를 느꼈습니다.

[그림 5] 한복을 입고 경기전을 답사하는 학생들

전주소리문화관에서는 판소리 체험을 했습니다. 학생들이 처음에는 부끄러워했습니다. 목소리가 작았습니다. 시간이 좀 흐르니 부끄러움은 사라졌

[그림 6] 전주소리문화관에서 판소리를 배우는 학생들

습니다. 춘향가의 한 대목 「사랑가」를 다 같이 배웠습니다. 강의실에서 이론으로 배우는 판소리와 현장에서 창으로 배우는 판소리는 그 느낌이 달랐습니다. 학생들은 현장 판소리를 더 좋아했습니다.

저도 현장에서 배웠습니다. 직접 불러보니 판소리, 매력적인 노래였습니다. 판소리 이론으로 채워지지 않았던 재미와 매력을 느낀 겁니다. 이게 바로 즐기며 배우는 문화의 효능입니다.

즐기며 배우는 데 큰돈 들어가지 않습니다. 가성비 높은 문화 체험. 여러분들에게 박물관이나 미술관 방문을 추천합니다. 저는 박물관을 수시로 찾습니다. 사는 집과 가깝게 대구박물관이 있습니다. 특별전이 열리면 꼭 들릅니다. 2020년은 코로나19 때문에 대구박물관이 사전 예약제로 운영되었습니다. 이 사실을 몰라 특별전 몇 개를 놓쳤습니다. 아쉬운 마음이 여전합니다.

대구박물관은 정부에서 운영합니다. 대구박물관의 정확한 이름이 국립대구박물관입니다. 2020년 9월 22일부터 12월 20일까지 '선비의 멋, 갓'이란 특별전이 열립니다. 조선은 모자의 나라입니다. 넷플릭스에서 인기를 끈 우리나라 드라마 「킹덤」. 좀비 사극입니다. 「킹덤」을 본 해외 시청자들이 배우들의 모자에 놀랐다는 겁니다. 사극 「킹덤」에서 배우들은 지위고하에 따라 서로 다른 모자를 씁니다. 이 모자의 디자인과 이미지가 해외 시청자를 사로잡습니다. 이 특별전이 기대됩니다.

경주에는 국립경주박물관이 있습니다. 대구박물관과 달리 규모가 웅장합니다. 아무래도 경주가 천년 신라의 고도여서 박물관의 규모가 남달라 보입니다. 경주에서 신라문화를 느끼고 싶다면 먼저 국립경주박물관을 다녀오면 좋습니다. 특히 신라역사관, 신라미술관에 다녀오면 좋습니다. 그러면 신라문화가 더 매력적으로 다가옵니다. 글로 읽는 신라와 박물관에서 체험하는 신라는 다릅니다. 후자의 신라가 훨씬 감각적으로 경험됩니다. 여러분 주변에는 어떤 박물관이 있습니까?

2018년 대구미술관에서 간송 특별전이 개최되었습니다. 대구에서 간송 특별전이라니. 마음이 뛰었습니다. 2018년 전시는 2022년 대구 간송미술관 개관을 앞두고 마련된 특별 전시였습니다.

간송은 전형필(1906~1962)의 호입니다. 전형필은 일제강점기 대표적인 문화 독립투사였습니다. 한국문화유산 지킴이였습니다. 일제강점기라는 표현이 과해 보입니까? 그렇지 않습니다. 일제의 우리나라 식민 통치 방식은 전 세계에서 그 유례를 찾기 어렵습니다. 어떤 유례일까요? 폭압적 방식입니다. 특히 1930년대 이후 일제가 총력전 체제를 구축하면서 식민 통치의 폭압적 방식은 극한을 달립니다. 한국어, 한국문화가 바람 앞의 촛불 신세였습니다.

총력전 체제 이전의 식민 통치도 한국문화를 의도적으로 무시합니다. 이 과정에서 한국문화를 사랑한 일본인이 나타나기도 합니다. 아사카와 타쿠미(1891~1931), 야나기 무네요시가 그렇습니다. 아사카와 타쿠미는 조선 총독부 산림과 직원으로 고용된 임업 연구원입니다.『조선의 소반 조선도자명』[1]의 지은이입니다. 조선 도자기를 조선인보다 더 사랑한 일본인입니다. 망우리에 이 어른의 묘가 있습니다. 야나기 무네요시에게 영향을 크게 미칩니다.

일제 식민 통치는 한국문화를 크게 왜곡합니다. 한 예로 일제는 사직단을 원형대로 두지 않습니다. 경복궁, 창경궁도 그렇습니다. 여기에 그치지 않습니다. 1905년부터 나라 국운이 급격히 기웁니다. 한반도 전역

---

[1] 1996년 4월 학고재에서 우리말로 번역 출간된다.

에 문화재 도굴범이 설칩니다. 막대한 양의 문화 유적이 일본에 팔립니다. 한국문화의 절대 위기입니다.

1906년 전형필은 대부호의 아들로 종로에서 태어납니다. 전형필은 이른 나이에 부친의 재산을 물려받습니다. 이십 대의 나이에 만난 어른이 있습니다. 위창 오세창(1864~1953)입니다. 존경받는 지식인이며 독립운동가인 오세창을 만나게 됩니다. 전형필은 오세창을 만나며 인생의 바른길을 고민합니다. 사람이 누구를 만나느냐가 이렇게나 중요합니다. 전형필의 아호 간송(澗松)은 오세창이 지은 겁니다.

전형필은 부친이 물려준 막대한 재산으로 한국문화 유산을 사들입니다. 한국문화 지킴이 역할을 하는 겁니다. 우리말이 말살되는 상황에서 전형필은 『훈민정음해례본』을 사들입니다. 안동에서 『훈민정음해례본』이 발견됩니다. 전형필은 이 소식을 듣고 구입을 마다하지 않습니다. 『훈민정음해례본』, 국보 제70호로 지정된 유산입니다.

당시 기와집 한 채 값이 천 원입니다. 전형필은 만천 원의 가격으로 『훈민정음해례본』을 삽니다. 전형필 덕에 『훈민정음해례본』이 일본으로 팔리지 않습니다. 전형필, 한국문화의 자존심을 지킨 어른입니다. 전형필은 1938년 우리나라 최초 사립미술관을 개관합니다. 일제의 중국 침략이 고조된 때입니다. 전형필은 자신이 소장한 우리 문화재를 보관 전시해야 한다는 판단에 이릅니다. 사립미술관 보화각(葆華閣)이 만들어진 배경입니다. 후일 보화각은 간송미술관이 됩니다.

[그림 7] 2018 간송 조선회화 명품전 홍보 영상[2] 　　[그림 8] 간송 조선회화 명품전 관람객 행렬[3]

　대구미술관에서 만난 조선회화. 말로 표현할 수 없는 감동이었습니다. 이 그림들을 언제 볼까 싶어 대구미술관을 세 번 다녀왔습니다. 한 번은 이른 아침에 다녀왔습니다. 워낙 관람객이 많아 작품에 몰두할 수 없었습니다. 제 눈앞에 신윤복, 정선, 김홍도, 심사정, 안견, 신사임당, 이징, 김정희, 흥선대원군, 장승업의 국보급 그림이 보였습니다. 이런 호사를 누리다니, 이런 마음으로 조선회화를 천천히 살펴보았습니다.

　박물관, 미술관, 문학관은 여러분의 문화 역량을 키우는 영혼의 집입니다. 관람료는 커피값보다 쌉니다. 특별전은 좀 비쌀 수 있습니다. 그렇더라도 가성비를 따지면 특별전도 그렇게 비싼 게 아닙니다. 박물관, 미술관, 문학관을 사랑하는 여러분이길 바랍니다. 여러분이 박물관, 미술관, 문학관을 자주 방문해야 관계자들이 여러분을 위해 더 투자합니다. 문화 즐기기의 시작은 여러분의 발품입니다.

---

[2] 대구미술관 유튜브 채널(https://www.youtube.com/watch?v=zfaNzjH2SUU)에서 캡처
[3] 2018년 6월 16일 간송문화재단 홈페이지(http://kansong.org)에서 이미지 캡처

4. 한국문화의 미래

흔히 한국의 근현대사를 고난의 근현대사로 비유합니다. 함석헌 (1901~1989)이 대표적입니다. 함석헌의 저서 중에 『뜻으로 본 한국역사』[4]가 있습니다. 저는 지금도 이 책을 읽습니다. 책의 아무 페이지나 펼쳐 읽는 방식입니다. 읽는 이유가 있습니다.

함석헌은 무교회 신앙을 실천하신 어른입니다. 기독교 특정 교파에 소속된 신앙을 거부합니다. 함석헌의 저서 『뜻으로 본 한국역사』에서 '뜻'은 일차적으로 하나님의 뜻입니다. 하나님이 한국 역사에 고난을 선물한 이유가 있다는 겁니다. '뜻'은 이차적으로 한국인의 뜻입니다. 고난을 수동적으로 마주하는 게 아니라 극복하여 한국을 수준 높은 나라로 만들어 가야 한다는 뜻을 생각하자는 겁니다.

『뜻으로 본 한국역사』는 식민지 통치에 뒤이은 분단과 한국전쟁의 고난이 영구히 지속되는 고난이 아니라고 웅변합니다. 과연 그렇습니다. 한국문화의 미래를 생각하면 더 그렇습니다.

저의 20대는 여러분의 20대와는 다릅니다. 저의 20대의 한국문화와 여러분이 현재 경험하는 한국문화는 그 수준이 다릅니다. 그때는 수준이 낮고 지금은 높다는 게 아닙니다. 수준을 말하는 게 아닙니다. 한국문화의 진화를 말하는 겁니다.

동아시아 여러 나라의 문화 중에 건강하게 진화한 문화가 한국문화입니다. 진화는 발전과 다른 개념입니다. 발전을 그림으로 표현하면 일직선

---

[4] 이 책의 바탕은 『성서조선』(1933년 2월호부터 1935년 12월호)에 실었던 「성서적 입장에서 본 조선역사」이다. 1950년에 단행본이 출간되며 2003년 한길사에서 새 편집본으로 출간된다.

같습니다. 진화는 일직선이 아닙니다. 곡선입니다. 곡선은 여러 상황 변수를 참조합니다. 진화는 단계의 국면마다 상승의 변곡점을 만듭니다.

우리나라 웹툰은 더는 일회적인 장르가 아닙니다. '망가'로 불리는 일본 만화를 압도하는 장르로 성장했습니다. 네이버와 카카오로 양분된 웹툰 장르는 한국 대중문화의 원천으로 그 영향력을 인정받고 있습니다. 쉽게 말하면 이런 겁니다. 웹툰으로 뜨면 드라마나 영화로 제작된다는 겁니다.

영화 「이끼」(2010), 「은밀하게 위대하게」(2013), 「신과 함께-죄와 벌」(2017), 드라마 「미생」(2014), 「이태원 클라쓰」(2020) 모두 웹툰이 원작입니다. 웹툰의 성공이 영화와 드라마의 성공으로 이어지는 사례가 많습니다. 이 반대 사례도 있습니다. 웹툰은 성공했으나 영화와 드라마는 대중의 외면을 받은 사례가 꽤 있습니다. 성공의 사례, 실패의 사례는 앞으로도 더 나올 겁니다. 웹툰의 문화적 지위는 약화하지 않을 겁니다.

[그림 9] 다음 웹툰에 연재된 광진 작가의 「이태원 클라쓰」[5]

한국 드라마, 한국 노래는 K-드라마, K-pop으로 불리며 높은 인기를 구가합니다. 한류는 일회적 거품 같지 않습니다. 한류도 진화하고 있

---

5 다음 웹툰 홈페이지(http://webtoon.daum.net/webtoon/view/ItaewonClass)에서 이미지 캡처

습니다. 한류 장르마다 약한 고리가 있습니다. 예를 들면 이렇습니다. K-pop의 약한 고리는 한국어였습니다. 한국어로 노래 부르면 확장성이 없다는 겁니다.

그런데 꼭 그렇지 않았습니다. 방탄소년단의 한국어 노래가 이를 입증합니다. 한국어가 더는 약한 고리가 아닌 겁니다. 한류의 상업성 비판, 이런 비판도 이제는 관행 같습니다. 상업성 비판보다 더 토론해야 하는 주제는 방탄소년단의 예처럼 한류의 진화입니다. 한국어로 노래를 불러도 팬들의 사랑을 받는 그 이유를 우리는 더 토론해야 합니다. 방탄소년단의 팬들은 방탄소년단의 노래와 함께 스토리에 기반한 그들의 성장을 지지하는 겁니다. 방탄소년단은 2020년 8월 영어 노래 「다이너마이트」(Dynamite)를 신곡 발표합니다. 이 현상 역시 좁게는 방탄소년단, 크게는 K-pop의 진화입니다.

한국문화가 신나게 진화하고 있습니다. 한국문화가 즐겁게 진화하고 있습니다. 진화하는 문화는 건강한 문화입니다. 진화하는 문화는 미래로 가는 문화입니다. 한류만을 말하는 게 아닙니다. 한국 전통문화와 문화재의 가치가 유네스코 세계유산으로 재발견되고 있습니다. 한국문학이 세계적인 문학상을 받습니다. 한국영화는 더는 변방의 영화가 아닙니다. 2020년 제92회 미국 아카데미 시상식의 주인공은 한국영화 「기생충」이었습니다.

'한국문화가 최고' 이런 말 하는 게 아닙니다. 이렇게 말하면 한국문화가 우스워집니다. '한국문화가 최고'라는 생각은 몽상입니다. 한류 민족주의를 경계해야 합니다. 한국문화가 건강하게 진화한다고 생각하자는 겁니다.

여러분들이 한국문화를 더 신나고 즐겁게 진화시키는 주인공이 되기를 기대합니다. 여러분이 웹툰 작가, 스토리텔링 작가, 영화감독이 되어 한국문화를 진화시키기를 기대합니다. 그러면 이제 무엇을 해야 할까요? 우선 여러분이 해야 할 일은 한국문화를 즐기는 겁니다. 받아들이는 겁니다. 자, 즐깁시다. 한국문화를!

찾아보기

ㄱ

강강술래 ········· 110, 111
강릉 ········· 79, 178-180
강릉단오제 ········· 178-180
건양사 ········· 147
경복궁 ········· 81, 97
경상감영 ········· 94
경운궁 ········· 81, 97
경주 ········· 50, 70-71
경희궁 ········· 81, 97
광주 ········· 32, 79
「괴물」 ········· 34
국립대구박물관 ········· 208
굿 ········· 100, 102, 104-105, 123
규슈 ········· 74-75
근대 ········· 26, 28, 56, 64
근대한옥 ········· 98, 136, 141-148
금호강 ········· 79
「기생충」 ········· 33, 35, 59-61, 78
「길리압」 ········· 76
김금화 ········· 168

김소월 ········· 109, 189-190

ㄴ

낙동강 ········· 70, 79
난장 ········· 178, 180, 191
남산 ········· 82, 126
남한산성 ········· 87
놀이 ········· 191, 194, 196-197

ㄷ

다문화 ········· 48-49, 53, 56
단군신화 ········· 172, 177
달성 ········· 79
달시 파켓 ········· 59-62
답사 ········· 203-207
대구 ········· 15-16, 64, 78-79
대구국제뮤지컬페스티벌 ········· 89
대구미술관 ········· 209, 211
대구읍성 ········· 93-94
대도서관 ········· 44, 45

대릉원	71
대중매체	40
대흥사	83
도깨비	106
도동서원	79
도산서원	65-68
『동방견문록』	50

ㄹ

로이 안데르손	76
류성룡	66, 69

ㅁ

마곡사	83
마르코 폴로	50
막사발	124-126, 137
만대루	69-70
매리사 브랜트	55-56
메멘토 모리	182-183, 187-188, 195-196
몽골	75
무당	166-168, 171, 177
무속	165-167, 170-173, 175, 177-179, 186
무속신앙	165-167, 170-173, 177-179
무용총	104, 121
무천	100-103, 105
문경	89, 125-126
문경찻사발축제	89

문화	11-30, 34-35, 37, 39, -41, 44-45, 52, 55-57, 60-63, 67, 71, 73-76
문화영웅	172
문화자산	73
문화 활동	29-30, 35
미학	119-120, 137-138
민응수	93

ㅂ

바리데기	171-172
박완서	133-135
박중양	93
박지원	50-51
박찬욱	33-34
방탄소년단	214
백남준	123
백인제	141-143
법주사	83
병산서원	65-70
「복수는 나의 것」	33
봉산탈춤	130
봉정사	83
봉준호	33-34, 60-61, 78
부산	20, 64, 76-80
부산국제영화제	76-78, 80
부석사	83-86
북성로	93-96
북촌	97, 139-141, 143, 146-148
불국사	71, 82, 87, 126
비빔밥	149, 156-159, 163

찾아보기 217

비애미 ········· 120-121, 123

ㅅ

사물놀이 ········· 108-109, 124
사직 ········· 81, 97
「살인의 추억」 ········· 34, 61
「삼시세끼」 ········· 150-151
상엿소리 ········· 183, 185
새재 ········· 89, 126
샤먼 ········· 166, 171-172
서낭당 ········· 174-175, 177
서낭신 ········· 173, 175-177
서명숙 ········· 72, 73
서촌 ········· 97-98
석굴암 ········· 71, 82, 87
설날 ········· 18-21
성주신 ········· 169
세계문화 ········· 52, 62, 79
세계문화유산 ········· 79
세계인 ········· 49-52, 57-59, 62
세수(歲首) ········· 18
속초 ········· 79
수궁가 ········· 36
수원화성 ········· 87
스토리 ········· 132, 142, 148
스토리텔링 ········· 206, 215
식민지 조선 ········· 64
신대중문화 ········· 45
신라문화 ········· 71
신명 ········· 99, 101, 103-111, 114-117, 121, 123-124, 128

신앙 ········· 165-168, 170-171, 174, 177, 212
씻김굿 ········· 167

ㅇ

아랑각 ········· 116
아리랑 ········· 115-117
아사카와 타쿠미 ········· 209
안동 ········· 65-68, 70-71
안성기 ········· 13
안양루 ········· 86
앰비규어스 댄스 컴퍼니 ········· 35
야나기 무네요시 ········· 120
연시(年始) ········· 18
『열하일기』 ········· 50-51
영고 ········· 100-103, 105
영남 ········· 89, 93-94, 116, 126, 138-139
오세창 ········· 210
오오극장 ········· 78
「올드보이」 ········· 33
올레길 ········· 71-75, 80
옹기 ········· 159-162
『왕오천축국전』 ········· 50
요한 호이징하 ········· 191
원단(元旦) ········· 18
원도심 ········· 77
원일(元日) ········· 18
웹툰 ········· 132
유튜브 ········· 18, 39, 41-42, 44-45, 53, 57
융합 ········· 154, 156-159, 163
의상대사 ········· 85

이날치 밴드	35-37
이상화	111, 113-114
이승	181, 183, 185-186, 188, 196
이호철	64
이흑산	54-55
익살	128-132
익선동	145-148
「인셉션」	43-44
임권택	13
입교당	69-70
입학식	14-17

ㅈ

작호도	131
잡종	62
장례식	13-14, 17, 187, 191-192, 197, 200-201
장소	8, 38, 64, 72, 76, 79, 88-94, 98, 133, 135, 137-139
장소성	76
저스트절크	106-107
저승	170, 181, 183-186, 195-196
전등사	129
전주	70-71, 76-80
전주국제영화제	76-78, 80
전통문화	81, 91, 144-145
전형필	209-210
정세권	146-147
정체성	7, 47, 50, 52, 62, 76
조상현	30-32, 34
조왕신	169

종묘	81, 87, 97
죽음	181-183, 185-187, 191, 193-194, 196, 200
지방	63-64
지역	28, 37, 56, 62-65, 68, 70-71, 74-80
진골목	204-205
진화	25, 37, 47, 52, 56, 62-63, 71, 75
집	133-144, 147-148
『징비록』	69

ㅊ

창경궁	81, 97
창덕궁	81, 87, 97
천마총	71
초혼	189-190
최제우	172
「축제」	13-14
「친절한 금자씨」	33

ㅋ

콘텐츠	32, 41-45
크리스토퍼 놀란	43
크리에이터	42, 45

ㅌ

| 타임라인 | 205 |
| 터주신 | 169 |

토우	126-128	해학	128-132
토포필리아	135	향토	64
통도사	83	혜초스님	49-50
트위터	41, 44-45	화엄종	85
		황리단길	71
		『훈민정음해례본』	210

ㅍ

파격	35
판소리	30-32, 36-37, 62
페이스북	41, 44-45
「플란다스의 개」	60-61
플랫폼	41-42, 44-45, 78

ㅎ

하회별신굿탈놀이	175-177, 202
「학생부군신위」	190, 192-194, 196
한	105, 109
한국	13, 16, 18-19, 21, 23, 30, 33-35, 37, 39, 47-63, 65, 67-68, 70-71, 73, 75, 77-79
한국문화	21, 23, 47, 49, 52, 56, 59-60, 62, 63, 65, 70-71, 77, 79
한국미	119-121, 123-124, 128, 130
한류	32, 35, 51, 57
한식	149
한옥	82-83, 97-98, 124, 135-136, 138-148
한옥마을	77
한현민	52-55
해나 브랜트	55
해인사 장경판전	87

한국문화의 이해와 체험

1판 1쇄 발행 2020년 12월 31일

지 은 이 | 양진오
펴 낸 이 | 김진수
펴 낸 곳 | 한국문화사
등   록 | 제1994-9호
주   소 | 서울특별시 성동구 아차산로49, 서울숲코오롱디지털타워3차 404호
전   화 | 02-464-7708
팩   스 | 02-499-0846
이 메 일 | hkm7708@hanmail.net
홈페이지 | http://hph.co.kr

ISBN   978-89-6817-947-1   93380

· 잘못된 책은 구매처에서 바꾸어 드립니다.
· 이 책의 내용은 저작권법에 따라 보호받고 있습니다.
· 책값은 뒤표지에 있습니다.

· 이 저서는 2020학년도 대구대학교 학술연구비 지원에 의한 연구결과물임

· 이 도서의 국립중앙도서관 출판예정도서목록(CIP)은 서지정보유통지원시스템 홈페이지
  (http://seoji.nl.go.kr)와 국가자료공동목록시스템(http://www.nl.go.kr/kolisnet)에서
  이용하실 수 있습니다(CIP제어번호: CIP2020053086).